Johannes Pausch, Gert Böhm
Ich bin dann mal alt!

Johannes Pausch, Gert Böhm

Ich bin dann mal alt!

Dem Leben auf der Spur bleiben –
eine spirituelle Altersvorsorge

Kösel

Verlagsgruppe Random House FSC-DEU-0100
Das für dieses Buch verwendete FSC®-zertifizierte Papier
Munken Premium Cream liefert Arctic Paper Munkedals AB, Schweden.

2. Auflage 2012
Copyright © 2011 Kösel-Verlag, München,
in der Verlagsgruppe Random House GmbH
Umschlag: Elisabeth Petersen, München
Umschlagmotiv: Heather Perry/gettyimages
Druck und Bindung: GGP Media GmbH, Pößneck
Printed in Germany
ISBN 978-3-466-37014-6

Weitere Informationen zu diesem Buch und unserem
gesamten lieferbaren Programm finden Sie unter
www.koesel.de

*Der Lindenwirtin von Winkl / St. Gilgen,
Frau Josefine Wagner,
zu ihrem 100. Geburtstag
in Ehrfurcht und Dankbarkeit gewidmet*

Inhaltsverzeichnis

Vorwort
Altwerden in unserer Gesellschaft –
zwischen Weltuntergang und neuer Perspektive   9

1
Die Lindenwirtin Josefine Wagner   15

2
Rhythmen des Lebens   19

Leben gestalten, nicht verwalten   22
Im Siebener-Rhythmus leben   30
Lebensrhythmen oder Chaos   46
Der Atem ist ein Geschenk   52
Der Herzrhythmus – Zentrum des Lebens   57
Ruhe und Bewegung –
scheinbare Gegensätze gehören zusammen   60
Spannung und Entspannung auch im Alter   65
Essen und Trinken halten wirklich
Leib und Seele zusammen   69
Kranksein und Gesundwerden –
ein normaler Rhythmus im Leben   81
Im Alter besonders wichtig:
der Rhythmus von Wachsein und Schlafen   84
Die Pause ist wichtig   92
Der zweckfreie Sonntag   97
Leben im Rhythmus der Jahreszeiten   100
Die Mutter aller Tugenden: das rechte Maß   104

3

Ohne Beziehungen ist das Leben leer 109

Konflikt der Generationen	112
Familiäre Beziehungen tun gut, auch wenn's manchmal kracht	118
Die unverbindliche »Bussi-Bussi«-Welt	126
Freude an der Arbeit	130
Beziehungen im sozialen Engagement	134
Beziehungen zur Natur und zur Schöpfung	139
Die Beziehung zu sich selbst	144
Überheblichkeit und Demut	151
Nobody is perfect	157
Versöhnung tut dem Leben gut	161
Beziehungslosigkeit und Wurstigkeit	164
Der Segen gibt Kraft fürs Leben	169

4

Wege zur Transzendenz 175

Sucht und Sehnsucht	177
Grenzen achten – und überschreiten	181
Zweckfrei leben, aber ohne Gleichgültigkeit	186
Vergessene Wege wiederfinden	191
Weitergeben von Geist: die Brücke der Generationen	195
Mit sich und dem Leben Frieden schließen	199
Die Unbegründbarkeit des Leidens	206
Reden übers Sterben – und die Angst vor dem Tod	211
Der Mensch und seine Gottesbeziehung	215

5

Der Abend vorher ist ein Blick ins Paradies 219

Altwerden in unserer Gesellschaft – zwischen Weltuntergang und neuer Perspektive

Unsere Politiker und die Staatsbürokraten besänftigen alternde Menschen mit allerlei Versprechungen für einen paradiesischen Lebensabend: mehr Sicherheit im Verkehr, innovative Wohnprojekte, bessere Einbindung ins gesellschaftliche Leben durch verstärktes bürgerschaftliches Engagement, Entbürokratisierung der Altenpflege, sinnvolle Palliativmedizin und Sterbebegleitung durch die Hospizbewegung, die bessere finanzielle Unterstützung pflegender Angehöriger, neuartige Gemeinschaftsprojekte, in denen sich die Senioren gegenseitig helfen können – die Liste mit Vorschlägen für eine zukünftige Seniorenpolitik ist lang und voll schöner Worte. Allein 300 eng beschriebene DIN-A4-Seiten umfasst der fünfte offizielle Regierungsbericht »Zur Lage der älteren Generation in der Bundesrepublik Deutschland« aus dem Jahr 2006. Er enthält zahlreiche Vorschläge, wie ältere Menschen in Zukunft betreut, versorgt, beschäftigt und bei Laune gehalten werden sollen.

Der Mensch ist ein spirituelles Wesen

Leider sieht die Realität ganz anders aus. Denn so nützlich und gut gemeint all die Empfehlungen auch sein mögen: Sie zielen fast immer nur auf die materielle Seite des Altwerdens ab – und übersehen dabei, dass der Mensch vor allem ein spirituelles Wesen ist, in dem körperliche, seelische und geistige Erfahrungen auf geheimnisvolle Weise miteinander vernetzt sind. Zwischen diesen drei Erfahrungsebenen gibt es – für uns oft undurch-schaubare – Zusammenhänge. Deshalb ist es nicht besonders in-telligent, die Probleme des Altwerdens nur auf der körperlich-materiellen Ebene lösen zu wollen. Dann nämlich bleiben die meisten Initiativen ohne Geist und ohne Begeisterung, ohne Liebe und ohne »Feuer« – und die Pflegebedürftigen empfinden ihre Betreuung als einen bürokratischen Akt, bei dem es offenbar nur darauf ankommt, dass jeder Handgriff der Helfer peinlich genau protokolliert wird. Wer jemals die von einer überborden-den Bürokratie vorgeschriebenen 20 Formblätter gesehen hat, mit denen ein Altenheim die Betreuung jedes einzelnen Bewoh-ners »dokumentieren« muss, kann nur den Kopf schütteln. So ein System kann – und darf! – auf Dauer nicht überleben. Denn die bürokratische Krake vergisst den Hauptzweck der Altenbe-treuung: die menschliche Zuwendung. Doch diese steht nicht mehr an erster Stelle, vielmehr geht es um eine lückenlose Kont-rolle. Um unter den sozialen Betreuungsfirmen in Ausnahmefäl-len einmal ein »schwarzes Schaf« zu erwischen, werden alle an-deren mit völlig überzogenen Kontrollen gepiesackt. Statt dem bettlägrigen Heimbewohner übers Gesicht zu streicheln, muss die Pflegerin oder der Pfleger Formblätter ausfüllen und Proto-kolle schreiben – welch ein Irrweg! Doch die Überbürokratisie-rung missachtet nicht nur die betroffenen Alten, sondern ver-grault auch die Helfer: Viele Altenpflegerinnen und Altenpfleger, die ihre Arbeit am Menschen einmal hoch motiviert begonnen haben, steigen nach weniger als fünf Jahren völlig frustriert aus diesem Beruf wieder aus.

Alzheimer – ein »normaler« Ausstieg aus dem Leben?

Vielleicht gibt es sogar einen Zusammenhang zwischen der Enttäuschung über ihr Leben, die alte Menschen empfinden, und den stark zunehmenden Demenzerkrankungen. Der Verfall der Gedächtnisleistung und Denkfähigkeit wird ja auf altersbedingte Veränderungen im Gehirn zurückgeführt. Trotz ständig wachsender Erkenntnisse wissen wir aber noch zu wenig über diese schreckliche Krankheit, an der allein in Deutschland über eine Million Menschen leiden. Es wird vermutet, dass die Betroffenen am Leben nicht mehr teilnehmen, weil sie dazu nicht in der Lage sind. Aber könnte es nicht sein, dass sie dieses Leben gar nicht mehr wollen, dass ihre Verweigerungshaltung also vor allem psychische Ursachen hat? Sind demenzkranke Menschen vielleicht deshalb so frustriert, weil sie sich in der »normalen«, kalten Gesellschaft gar nicht mehr aufhalten möchten? Ihre Fähigkeit, ihre Umgebung und andere Menschen wahrzunehmen und mit ihnen zu kommunizieren, schwindet – und mit dem allmählichen Verlöschen ihrer Persönlichkeit verlieren sie ihre Würde und sind rund um die Uhr auf Pflege angewiesen. Ist es denkbar, dass ihr Gedächtnisschwund nicht nur die Folge einer Gehirnerkrankung ist, sondern der – im Schöpfungsplan vorgesehene – unbewusst vollzogene Abschied des Menschen von einer Gesellschaft, die ihm Würde und Respekt verweigert?

Viele Menschen spüren wahrscheinlich schon lange vor ihrem letzten Lebensabschnitt, dass sie von der Gesellschaft als wertlos betrachtet werden. Ihnen wird das Gefühl vermittelt, dass ihr Leben und ihre Arbeit überflüssig sind – und jederzeit austauschbar. Dieser Sinnverlust kann im Alter dazu führen, dass der Mensch seine Nutzlosigkeit im Unterbewusstsein besonders stark empfindet und sich vollends zurückzieht, um seine eigene »Entsorgung« nicht miterleben zu müssen. Intuitiv will er sich vor dieser bedrohlichen »Endlösung« retten: Er kapselt sich ab, zerschneidet mehr und mehr seine Beziehungsstränge zu den Menschen in seiner Umgebung und flüchtet in die Einsamkeit der Demenz.

Sollten Demenzerkrankungen neben den medizinisch nachgewiesenen Verfallserscheinungen im Gehirn tatsächlich auch psychische Ursachen haben, die nicht erst im hohen Alter, sondern schon lange vorher entstehen, dann könnte die Krankheit frühzeitig behandelt werden – und zwar durch spirituelle, sinngebende Maßnahmen. Denn wer im Leben einen Sinn sieht, ist weniger anfällig für Demenz, vielleicht tritt die Krankheit dann gar nicht erst auf. Oder vielleicht ist Alzheimer, die häufigste Form der Demenzerkrankungen, gar keine Krankheit, sondern – ohne körperliche Schmerzen – ein Modell für den Ausstieg aus dem Leben? Aus der Forschung wissen wir, dass die Zahl der Altersverwirrten nach dem 70. Lebensjahr steil ansteigt. Unter den 100-Jährigen leiden neun von zehn unter Demenz. Ist angesichts dieser Häufung die Vermutung abwegig, dass Alzheimer in einem großen kosmischen Plan, den wir nicht kennen, eine »normale« Entwicklung im Lebenskreis des Menschen darstellt?

Nicht entmutigen lassen

Trotz aller Probleme, die es heute für alte Menschen gibt: Die betrüblichen Erfahrungen sollen uns nicht entmutigen. Vor allem dürfen wir uns nicht damit abfinden, dass das Altwerden unter den gegenwärtigen Verhältnissen nicht dem Ideal eines schönen, friedlichen Lebensabends entspricht. Allerdings ist die Hoffnung auf eine rasche Wende nicht besonders groß, weil die Menschen durch die jahrzehntelange materielle Überbetonung ihres

Lebens in eine Erstarrung geführt wurden, die sich nicht von heute auf morgen auflösen lässt. Mit ihren 60, 70 oder 80 Lebensjahren stecken die meisten Menschen längst in einer Falle, aus der sie kaum noch herauskommen; sie sind Teil eines Systems geworden, das ihnen ein sinnvolles, glückliches Leben vorenthält.

Der Wandel ist nur langfristig möglich. Alt werden im Licht der Abendsonne – für die meisten ist das gegenwärtig nur ein unerfüllter Traum. Um ihn Wirklichkeit werden zu lassen, darf der Mensch nicht warten bis zum Renteneintritt, sondern muss sein Leben schon frühzeitig so gestalten, dass er das Alter selbstbewusst und mit heiterer Gelassenheit erleben kann. Das erfordert eine Weichenstellung, die bereits in der Lebensmitte erfolgen muss. Viele werden sich fragen: Ist so ein Wandel überhaupt möglich, wenn gerade in der Mitte des Lebens die Probleme im Beruf und in der Familie im Vordergrund stehen? Natürlich ist es nicht leicht, aus den alten Verhaltensmustern auszubrechen. Doch ein langer, friedvoller Lebensabend ist dafür der wunderbare Lohn. Und: Dazu gibt es keine Alternative! Wer im Alter nicht in der materiellen Versorgungs-Maschinerie geistig und seelisch verelenden will, hat gar keine andere Wahl, als sich rechtzeitig auf einen spirituellen Weg zu begeben.

Die Lindenwirtin Josefine Wagner

Am 5. Dezember 2009 feierte Josefine Wagner, die Wirtin des Gasthauses »Zur Linde«, das in Winkl neben dem Europakloster Gut Aich liegt, ihren 100. Geburtstag. Die Lindenwirtin ist – trotz der Mühsal und der Schwierigkeiten, die es auch in ihrem Leben gab – in Würde und mit Freude alt geworden. Leider ist solch ein erfüllter Lebensweg nicht allen gegeben – im Gegenteil: Viele Menschen fühlen sich im Alter oft unnütz und ohne Perspektive. Die Wurzeln dieser traurigen Schicksale liegen meist in der Vergangenheit, weil die Menschen wenig für ein sinnvolles Leben getan haben. Sie haben ihre Aufmerksamkeit viel zu einseitig auf Äußerlichkeiten ausgerichtet und dabei vergessen, dass ihre materialistische Lebensführung mit zunehmendem Alter erhebliche Probleme aufwirft.

Josefine Wagners Lebensweisheit ist ein einfaches, aber wunderbares Beispiel für sinnvolles Altwerden – und man fragt sich, was Mensch und Gesellschaft ändern müssen, damit möglichst viele im Alter ähnlich zufrieden und glücklich sind wie die Lindenwirtin.

Mit dieser Frage setzen wir uns im vorliegenden Buch auseinander. Natürlich nehmen wir nicht in Anspruch, das komplizierte Altersproblem lösen zu können. Aber wir versuchen, Anregungen zu geben und die Menschen zu ermutigen – zu einer verantwortungsbewussten Lebensgestaltung, die schon lange vor dem Renteneintritt beginnen kann und den Menschen im Alter trägt. Um den Weg in die spätere Erstarrung zu vermeiden, sollte ein Mensch bereits im Alter zwischen 40 und 50 Jahren mit der bewussten Gestaltung seines Lebens beginnen – hin zu einer Spiritualität, die ihn in der späten Abendsonne wärmt. Dieses Umdenken in der Lebensmitte leitet einen Wandel ein, der dem Älterwerden Sinn gibt. Es ist der Aufbruch zu einer Spiritualität, die die Beziehung des Menschen zu sich selbst, zu anderen und zur Schöpfung fördert, die Achtsamkeit und Demut erfordert.

In vielen Kapiteln des Buches ergänzen wir unsere Gedanken mit Zitaten der Lindenwirtin Josefine Wagner, die ihr gutes Leben oft verblüffend einfachen Weisheiten verdankt, und mit kleinen, oft humorvollen Geschichten aus dem alltäglichen Leben. Wir wollen mit diesen Zitaten und Geschichten zeigen, dass alles Denken und Tun erst dann Sinn macht, wenn es dem Menschen zu einem guten Leben verhilft.

Hilft das gegen meine geschwollenen Füße?

Ein junger Mönch bemühte sich, seinen Mitbrüdern fundierte theologische und spirituelle Vorträge zu halten. Es waren etwa 50 Männer, die – aus ihrer Arbeit herausgerissen – mehr oder weniger konzentriert seinen Ausführungen folgten. Dabei fiel ihm einer besonders auf, weil er mit großer Aufmerksamkeit jedem seiner Vorträge folgte und stets sehr konzentriert versuchte, den Inhalt zu verstehen. Es war der alte pensionierte Pförtner des Klosters.

Eines Tages fragte ihn der junge Mönch, ob er denn mit seinen Gedanken etwas anfangen konnte. »Ja, ja«, meinte der Pförtner, »die Vorträge sind sehr gut – ausgezeichnete Gedanken finde ich in ihnen. Früher habe ich mich selbst mit dem heiligen Augustinus und Thomas von Aquin beschäf-

tigt – die sind auch gut gewesen. Aber hilft das alles gegen meine geschwollenen Füße?«
Der junge Mönch war ziemlich betroffen. Sollten denn geistliche Übungen gegen geschwollene Füße helfen?! Oder hatten Freude und Leid, Schmerz und geschwollene Füße vielleicht doch etwas mit spirituellen Übungen zu tun? Manchen selbst ernannten Eliten in Kunst und Wissenschaft mag es wie dem zunächst sprachlosen Mönch ergehen: Sie denken nicht an die geschwollenen Füße der Menschen, weil sie nur um sich selbst kreisen.

Aber Spiritualität ist nicht akademisch und intellektuell, sondern muss sich in irgendeiner Weise immer auch auf das wirkliche Leben auswirken – bei unserem Pförtner also auf seine geschwollenen Füße. Spiritualität macht den Menschen offen und sensibel, sie schenkt ihm Freude oder Nachdenklichkeit, Glücksgefühle und manchmal auch die schmerzvolle Erkenntnis, dass er sein Leben ändern muss. Es gibt nicht wenige Philosophen, die sich zwar theoretisch tief in Erkenntnisse des Geistes hineingebohrt haben, aber ihr rein verkopftes Denken hatte keine Auswirkungen auf ihr Leben. Im Gegensatz dazu durchdringt eine spirituelle Grundhaltung den ganzen Menschen und all seine Lebensbezüge. Sie wirkt sich gleichermaßen auf seelische, geistige und körperliche Zustände aus. Dies ist also kein lautloser, intellektueller oder abstrakter Prozess, sondern einer, der konkret im Leben spürbar ist.

Rhythmen des Lebens

Ein guter Lebensrhythmus gibt dem Leben des Menschen Stabilität und Sicherheit – und ermöglicht zugleich, dass er seelisch und geistig wachsen kann. Ein Lebensrhythmus ist nichts abgehoben Geistliches, das der Mensch nur nach langer Askese in lichtvoller Entrückung erfährt, sondern schlicht das harmonische Zusammenspiel von Körper und Seele. Dazu gehören der Rhythmus des Atems und des Herzens, die richtige Balance von Wachsein und Schlafen, von Spannung und Entspannung, von Bewegung und Ruhe, von Arbeit und Pause. Auch sinnvolles Essen und ein Leben im Rhythmus der Jahreszeiten geben dem Menschen innere Ausgeglichenheit und Stabilität.

Diese einzelnen Rhythmen, die im Idealfall zu einem großen Ganzen zusammenfließen, sind natürlich nicht nur im Alter wichtig, sondern in allen Phasen des Lebens. Sie verändern sich im Laufe der Jahre: Ein junger Mensch hat – und braucht! – andere Rhythmen als sein Großvater. Doch noch wichtiger als diese Erkenntnis ist die Tatsache, dass man die eigenen Lebensrhythmen nicht geschenkt bekommt, sondern sie erlernen und einüben muss. In jüngster Zeit ist leider vielen Menschen das Gefühl für diesen Entwicklungsprozess verloren gegangen. Im Stress unseres schnellen und oberflächlichen Lebens haben die meisten vergessen, wie wichtig ein ausgewogener Rhythmus ist. Kaum jemand kümmert sich bewusst um seine Rhythmen. In jungen Jahren ist diese Missachtung noch verständlich: Kinder, Heranwachsende und aufstrebende Erwachsene haben anderes im Kopf als die Einübung spiritueller Grundhaltungen. Sie strotzen vor Kraft und wollen das Hier und Jetzt genießen. Doch je älter der Mensch wird, desto mehr spürt er eine Sehnsucht, die sich allein in der Konsumwelt nicht mehr erfüllen lässt. Meistens sind es gesundheitliche Störungen, Stress oder Konflikte in der Familie und in der Arbeit, die ihn zu der Einsicht gelangen lassen, dass Geld, ein schöner Urlaub, das tolle Auto und die berufliche Karriere nicht alles im Leben sind. Was also tun?

Schon in der Lebensmitte die Weichen stellen

Mit dieser Frage befindet sich der Mensch schon mittendrin in der Auseinandersetzung mit seinen Lebensrhythmen. Die ersten Verschleißerscheinungen, die in der Regel zwischen 40 und 50 auftreten, sind häufig der Auslöser fürs Umdenken. Vielen Menschen wird jetzt bewusst, dass ihr Leben mehr Ordnung, mehr Rhythmus braucht. Ohne Ausgewogenheit geht jeder Organismus kaputt. Am Auto und an anderen Maschinen kann man die Störungen leicht erkennen, Menschen dagegen sind komplizierte Wesen, weshalb die Selbstbeobachtung besonders sorgfältig sein muss. Oft ist es sehr schwierig, die ungleiche Verteilung im eigenen Leben festzustellen und bewusst nach Wegen zu suchen, um die verlorene Ordnung wiederzufinden.

Wir Menschen leben in der Illusion, dass wir unbegrenzte Freiheiten besitzen und tun und lassen können, was wir wollen. Doch diese Ideologie der Willkür tut niemandem gut – ohne Ordnung ist ein harmonisches Leben nicht möglich. Gemeint ist keine übertriebene, »militärische« Ordnung, sondern ein Rhythmus, der dem Leben guttut, weil er im Menschen Wachstum und Entfaltung fördert. Du musst also mit deinem Körper und deiner Seele maßvoll umgehen, sonst überforderst du dich. Die Organe, die Nerven, die Sinne – sie alle verlassen sich darauf, dass du mit ihnen ordentlich und verantwortungsbewusst umgehst, damit ein ausgewogener Lebensrhythmus entstehen kann. »Ordnung ist das halbe Leben« heißt es in einer alten Volksweisheit. Vielleicht kann man die Ordnung auch so verstehen, dass sie zumindest für die zweite Lebenshälfte unverzichtbar wird. Ordnung zu schaffen, ist ein bewusster Vorgang, den man sogar beim Blick ins eigene Zimmer versteht: Unordnung entsteht scheinbar von selbst, weil jeder schnell mal da und dort etwas hinlegt, aber das Aufräumen ist ein aktiver Prozess.

Seinen Rhythmus bewusst zu beachten, ist keine typische Aufgabe fürs hohe Alter, sondern gilt schon in der vorherigen Lebensphase: Je eher ein Mensch damit beginnt, desto besser! Die Erfahrung zeigt, dass es sinnvoll ist, ab der Mitte seines Lebens die Fundamente dafür zu legen, denn im Alter ist es viel schwieriger, mit der kreativen Gestaltung seiner Lebensordnung zu beginnen. Deshalb sollte man die Rhythmen schon frühzeitig einüben, damit sie – im wahrsten Sinn des Wortes – als natürlicher Bestandteil des Lebens »verinnerlicht« werden. Mit diesen Rhythmen, die nicht nur Rentner und Pensionäre betreffen, sondern Menschen jeden Alters, beschäftigen wir uns im folgenden Kapitel.

Leben gestalten, nicht verwalten

Für unseren Hausbau haben wir von der Grube eine Fuhre Schotter bekommen. Den Schotter habe ich auf einen Wagen geschaufelt und zu uns gebracht. Und dann haben wir einmal ein paar Säcke Zement gekriegt. Daraus habe ich Ziegel gemacht – 2000 Stück, alle mit der Hand: ein Sack Zement auf vier Scheibtruhen[1] Schotter und fünf Scheibtruhen Kollitsch[2], dann zwei, drei Mal wie einen Kuchenteig durchmischen und rein in eine Eisenform. 2000 Ziegel habe ich selbst gemacht, zehn musste ich noch dazukaufen. Wenn man auf die gekauften Ziegeln draufgehauen hat, ist gleich ein Stück abgebrochen – die waren porös. Aber wenn man auf meinen Ziegel draufgehauen hat, haben die Funken gespritzt.

Lindenwirtin Josefine Wagner

Egal, ob wir alt oder jung sind: Unser Leben unterliegt einem Rhythmus – im Körper und in der Seele. Und weil sich Leib und Seele nicht voneinander trennen lassen, ist der gemeinsame Rhythmus so wichtig. Auch das Leben im Alter braucht einen vernünftigen Rhythmus, der dem Menschen eine ordnende Struktur gibt.

Viele Menschen befürchten, dass sich ihr Körper im Laufe der Zeit nur zum Schlechten verändert, weil er sich mit zunehmendem Alter verbraucht, weil die Kräfte schwinden und immer öfter etwas wehtut. Diese körperlichen Anzeichen gehen einher mit Stimmungen, mit Hochs und Tiefs. Rhythmus und Stimmung gehören zusammen. Sie sind die innere Ordnung für die Einheit von Körper und Seele.

---

1   Schubkarren
2   wärmedämmendes Material für Ziegel

Tag für Tag wird unser Leben von Rhythmen bestimmt: Der Mensch steht auf, bewegt sich, isst und trinkt, ruht sich aus, legt sich nieder zum Schlafen. Wer seinen Rhythmus nicht beachtet oder sich gar gegen ihn stellt, lebt auf Dauer gefährlich, weil er das Leben der Beliebigkeit überlässt. Das gilt für Menschen in jeder Lebensphase. Deshalb ist es sinnvoll, seine eigenen Rhythmen nicht erst im Alter zu beachten, sondern schon lange vorher.

Wer es versäumt hat, seine Rhythmen frühzeitig einzuüben und entsprechend zu leben, braucht aber nicht zu resignieren: Er kann jederzeit damit beginnen und sein weiteres Leben freudvoller und ausgewogener gestalten – eine wunderbare Chance auch für alte Menschen. Sie werden es am eigenen Leib spüren, wenn sie ihr Leben eigenständig gestalten, indem sie bewusst die Rhythmen ihres Lebens wahrnehmen. Denn wenn Leib und Seele in Balance sind, lassen sich selbst kritische Zeiten gut überstehen.

Ein ausgewogener Lebensrhythmus löst auch die vielen körperlichen und psychischen Erstarrungen wieder auf, die sich im Laufe des Lebens bei vielen Menschen gebildet haben. Leider sind manche alte Menschen und ihre Betreuer in die Hände von bürokratischen Quälgeistern geraten, die alles vorschreiben, verwalten, lähmen. Wenn sich diese Situation verbessern soll, muss das gesamte System von der überzogenen Bürokratie befreit werden; denn die falschen Propheten wollen uns weismachen, dass man für ein sinnvolles Leben eine Unmenge an Formularen und Regelungen braucht. Dieser Trugschluss führt dazu, dass die Menschen übermäßig »verwaltet« werden und häufig keine Chance haben, ihr Leben selbst zu gestalten. Wie Mehltau liegen die bürokratischen Vorschriften über dem Schicksal gerade der älteren Menschen.

Einen wirklich zufriedenen Lebensabend kann man offenbar nur dann erreichen, wenn man sich aus den Fängen der Bürokratie befreit und schon zur Lebensmitte einen Weg einschlägt, der nicht im administrativen Gestrüpp endet, sondern auf Schritt und Tritt spirituelle Impulse gibt. Wer erst im Alter anfängt, sein Leben selbst in die Hand zu nehmen und sinnvoll zu gestalten, hat es schwer. Einsicht kommt dann, wie die Entwicklung zeigt, in den meisten Fällen zu spät; denn der alte Mensch ist längst in die Fänge des Systems geraten. Als besonders deprimierend erweist sich dabei, dass »das System« selbst überhaupt keine bösen Absichten verfolgt, sondern im guten Glauben handelt, den Alten einen angenehmen Lebensabend zu bereiten. Aber in der Realität entpuppt sich dieser Wunsch meist als Illusion.

Der Mensch ist ein spirituelles Wesen. Er spürt besonders im Alter, dass er zwar eine gewisse materielle Sicherheit braucht, weil seine Kräfte und seine Gesundheit allmählich schwinden – doch er hat Angst davor, in eine fremdbestimmte Versorgungsmaschinerie hineinzugeraten, die ihm jede Eigengestaltung versperrt. Glücklicherweise lebt die Mehrzahl der alten Menschen nicht in Heimen, sondern noch im Kreis ihrer Familien oder kommt allein zurecht. Aber auch diese Menschen sollten sich immer wieder mit der Frage auseinandersetzen, ob sie ihr früheres Leben wirklich bewusst gestalten oder sich selbst nur »verwaltet« haben. Es ist lohnenswert, vor dem Einschlafen darüber nachzudenken, ob es tagsüber gelungen ist, ein eigenes Leben zu führen – dies mit Blick auch auf die ganz einfachen Dinge: beim Kochen, bei den Hausarbeiten, in der Strukturierung des Tages, in der Beziehung zu anderen. Denn allzu leicht tappt der Mensch in Fallen und versorgt sich gedankenlos mit Fertiggerichten, vertraut blind jeder Tablette und lässt sich widerstandslos von allen möglichen Menschen und Ratschlägen steuern. So degradiert er sich selbst zu einer anonymen Nummer, die auf Versicherungsscheinen, Bankkonten und Behördenformularen »verwaltet« wird.

Die Sehnsucht nach individueller Lebensgestaltung endet leider oft in einer Sackgasse. Zum Beispiel verführt der weit verbreitete Jugendwahn Männer wie Frauen dazu, ihr Altwerden durch schier unerschöpfliche Verjüngungsmethoden im Sinne des »Anti-Aging-Trends« zu verbergen. Dann wird »Selbstgestaltung« oft verwechselt mit einer Neugestaltung durch den Schönheitschirurgen: Augenlider werden gestrafft, Nasen korrigiert, Falten an Mund und Hals fallen dem Skalpell zum Opfer, es gibt neue Silikonbrüste, Fett wird abgesaugt. Im Jungbrunnen der »Beauty-Klinik« soll die Zeit angehalten oder sogar zurückgestellt werden. Frisch geliftet, grell geschminkt und mit Glitzerschmuck behängt, präsentiert sich dann manche Blondine im Minirock ihren Enkelkindern, die ihre radikal verjüngte Oma kaum noch wiedererkennen.

Der Ausbruch aus dem verwalteten Leben soll nicht missverstanden werden: Denn die Ermutigung, sein Leben eigenständiger zu gestalten, heißt ja nicht, dass der Mensch plötzlich alle Vorschriften ignoriert und sich zum ungezügelten Lebenskünstler wandelt. Eine Gesellschaft braucht selbstverständlich Regeln, sonst treibt sie auf ein Chaos zu. Niemand darf die Schilder im Straßenverkehr missachten, andere betrügen, verletzen oder töten. Das eigene Leben zu gestalten bedeutet, innerhalb durchaus sinnvoller Regeln und Strukturen Freiräume zu entdecken, die man für sich selbst kreativ nutzen kann. Nur ein Übermaß an Verwaltung ist gefährlich, weil es den Lebensrhythmus der Menschen verändert, und zwar einseitig nach den Vorstellungen der Administration. Bestes Beispiel dafür sind Kliniken und Altenheime: Dort wird der Tagesablauf so geplant, dass er kostengünstig und möglichst reibungslos funktioniert. Ob das morgendliche Wecken oder die festgelegten Essenszeiten dem Patienten guttun, scheint nicht so wichtig zu sein – Hauptsache, der Rhythmus der Verwaltung läuft rund!

Trotzdem sollte sich der alte Mensch von solchen festgefahrenen Strukturen nicht entmutigen lassen, denn solange er lebt, kann er sein Denken, sein Handeln und seinen Tag gestalten. Das gilt nicht nur für jene, die sich allein versorgen oder im Kreis der Familie leben, sondern auch für Pflegebedürftige, die stationär oder mobil betreut werden. Gerade Menschen, die in ihrer körperlichen Bewegung eingeschränkt oder gar gelähmt sind, dürfen sich nicht aufgeben. Denn selbst in verzweifelten Lagen kann der Mensch sein Leben durch sein Denken und Fühlen beeinflussen. Die meisten Menschen haben schon schwierige Zeiten durchgemacht und konnten die Probleme meistern, weil sie ihr Leben voller Zuversicht selbst in die Hand genommen und es nach ihren Vorstellungen gestaltet haben – mit ihrer Erfahrung, mit neuen Ideen und kreativer Kraft.

Engagement für die Gesellschaft

Die Anregung zu kreativem Engagement ist für jeden Menschen sinnvoll, zugleich nützt sie auch der gesamten Gesellschaft. So ist zum Beispiel die jahrzehntelange Berufserfahrung frischgebackener Rentner ein Kapital, das der Staat für seine vielfältigen Aufgaben und das Gemeinwohl gut brauchen kann. Daher ist es unverständlich, dass staatliche Einrichtungen, aber auch Wirtschaftsunternehmen oder soziale Institutionen diese beruflichen und persönlichen Erfahrungen aus einem langen Leben nicht besser nutzen.

Im Alter ist die bewusste Gestaltung des eigenen Lebens besonders wichtig, um nicht zu verkümmern. Dazu gibt es heute vielfältige Angebote: Koch- und Computerkurse, Seniorentreffs, geführte Wanderungen, Museumsbesuche, Kräuterseminare, die Mitarbeit in Vereinen oder moderne Wohnprojekte wie Mehrgenerationenhäuser, in denen junge und alte Menschen unter einem Dach leben. Noch klüger ist es natürlich, gar nicht erst bis ins hohe Alter zu warten, sondern bereits frühzeitig damit zu beginnen, sinnvolle Aufgaben zu übernehmen und ein Leben nach weitgehend persönlichen Vorstellungen mit eigenen Gedanken und Zielen zu führen.

Die Überbürokratisierung des Alltags jedenfalls ist unmenschlich, sie kostet Zeit und Nerven, ist teuer und führt die Menschen in eine Erstarrung des Leibes und der Seele.

Die Altenpflege ist leider in ein Kontrollsystem hineingeraten, das sich vor allem aus gegenseitigem Misstrauen speist. Jeder Handgriff am Patienten muss schriftlich protokolliert werden, damit dem Betreuer bloß kein Cent zu viel vergütet wird! Ob Caritas, Diakonie oder andere Sozialeinrichtungen: Statt den Helfern vernünftige, angemessen gestaffelte Pauschalen zu zahlen, weil man ihnen vertraut und ihre Arbeit schätzt, unterstellt man ihnen offenbar betrügerische Absichten und zwingt sie zu einem unerträglichen Formular-Aufwand, damit aufseiten der Kostenträger oder des Staates ein Heer von Kontrolleuren alles auf Punkt und Komma nachprüfen kann. Höchste Zeit, dass in diesem System endlich die Schalter von »Misstrauen« auf »Vertrauen« umgelegt werden. Dann hätten die Pfleger wieder mehr Zeit für ihre eigentliche Aufgabe, nämlich die alten Menschen nicht nur fachkundig, sondern auch liebevoll zu umsorgen, ohne dauernd auf die Uhr oder auf den Fragebogen schauen zu müssen. Der oft zitierte Pflegenotstand wäre dann wahrscheinlich mit einem Schlag beendet!

Posaunist mit starken Backen

Es ist ein alter Brauch, zum Osterfest rohe Eier auszublasen.
Dazu sticht man die Eier oben und unten mit einer Nadel an
und pustet kräftig in die kleine Öffnung, damit Dotter und Eiweiß herausfließen. Dann werden die Eier bunt bemalt und
mit Fäden an die Zweige eines Strauchs gebunden. In einer
Vase im Wohnzimmer oder draußen vor der Haustür kündigt
der Osterstrauch den Frühling an.
Wer selbst schon einmal Eier ausgeblasen hat, weiß, wie anstrengend das ist. Die 43-jährige Margarete, Hausfrau und
Mutter, kann ein Lied davon singen. Letztes Jahr taten ihr
schon nach dem vierten Ei die Backen so weh, dass ihr Mann
Andreas helfen musste. Der sollte nun die 23 restlichen Eier
ausblasen. Ein bisschen mürrisch beugte er sich über die Eier,
stach eines nach dem anderen oben und unten mit der Stecknadel an und blies und blies und blies. Nach dem elften Ei begann er zu schwächeln. Vor lauter Anstrengung wurde sein
Kopf dunkelrot und vor seinen Augen begann sich alles zu drehen. Als er endlich fertig war, erklärte Andreas erschöpft:
»Nächstes Jahr soll der Friedrich die Eier ausblasen, dann
muss ich mich nicht mehr so plagen!«
Der Friedrich, ein im Dorf bekannter Mann Mitte 50, hatte
mächtig Kraft in den Backen und eine Lunge wie ein Pferd. Seit
32 Jahren war er Mitglied im Posaunenchor. Wenn am Sonntag in der Kirche »Großer Gott, wir loben dich« gespielt wurde,
konnte man ihn mit seiner Posaune immer heraushören – so
fest war sein Ansatz am Mundstück. War der Friedrich in
Form, schaffte er es sogar bis zum hohen C hinauf. Oft musste
er die Kirche alleine beschallen, wenn den anderen Posaunisten mitten im Stück wieder einmal die Luft ausgegangen war.
Und wenn bei der Beerdigung am offenen Grab »So nimm

denn meine Hände« geblasen wurde, dann hielt der Friedrich seinen Ton so lange, bis es den anderen Posaunisten beinahe schwarz vor Augen wurde. Aus seinem Instrument ließ er immer die herrlichsten Töne erschallen.

So kam es, dass der Friedrich – der leider seit einiger Zeit arbeitslos war – im nächsten Jahr zur Osterzeit nicht nur bei Margarete und Andreas, sondern bei vielen anderen Familien im Dorf anzutreffen war. Vor ihm türmten sich stets Berge von rohen Eiern, die den Osterstrauch schmücken sollten. Er setzte Ei für Ei wie seine Posaune an die Lippen und presste das rohe Eiweiß und den Dotter gekonnt heraus, sodass sie in einem dünnen Strahl in die Schüssel vor ihm flossen. Der Friedrich ging von Haus zu Haus und wohin er auch kam – alle waren zufrieden. Als Lohn gaben ihm die Dorfbewohner mal ein paar Flaschen Bier oder einen Presssack, mal einen Kuchen und ab und zu auch etwas Geld mit. Auch der Friedrich selbst freute sich – weil er sein Talent nicht nur zum Posaunespielen, sondern auch zum Eierausblasen nutzen und anderen Menschen damit helfen konnte.

Als echter Posaunist ist der Friedrich halt ein vielseitiger Künstler: Vor Ostern verdiente er sich fortan ein kleines Zubrot beim Eierausblasen – und am Ostersonntag bei der Auferstehungsfeier in der Kirche spielte er wieder für Gottes Lohn.

Im Siebener-Rhythmus leben

*Am gescheitesten ist es, dass man friedlich mit allen zurecht-
kommt. Um des Friedens willen soll man sich zurückhalten,
denn das Grobe schadet uns ja am meisten selbst. Manches
muss man auch schlucken, aber nicht vergessen: zuerst beißen,
dann verdauen – und ausscheiden, was man nicht brauchen
kann.*
Lindenwirtin Josefine Wagner

Jeder Mensch ist ein einmaliges Wesen – es gibt keine zwei, die
zwischen Geburt und Tod ein völlig identisches Leben führen.
Dennoch haben die Erfahrungen in allen Kulturen gezeigt, dass
die Lebensrhythmen der Menschen erstaunlich viele Gemein-
samkeiten aufweisen. Diese Erkenntnis beruht auf jahrtausen-
dealten Beobachtungen – und daraus wurde ein Lebensmodell
entwickelt: der berühmte »Siebener-Rhythmus«. Er geht davon
aus, dass ein Mensch ab seiner Geburt alle sieben Jahre in einen
anderen Lebensabschnitt wechselt. Ein Übergang wird jeweils
begleitet von neuen Erkenntnissen und Grundhaltungen. Interessanterweise wurden diese uralten Erfahrungen inzwischen
auch von der modernen Psychoanalyse weitestgehend bestätigt.
Der Siebener-Rhythmus kann dem Menschen gute Anregungen geben, wie er auch das Altsein mit Freude erlebt. Je mehr
sein eigener Lebensverlauf den Erfahrungen der Siebener-
Rhythmen entspricht, desto wahrscheinlicher ist es, dass er sich
einer Spiritualität öffnet, die seinem Lebensabend Sinn gibt. Zu
starke Abweichungen von diesen Rhythmen scheinen dagegen
die Gefahr zu erhöhen, dass die Entwicklung des Menschen
mehr und mehr auf einen Irrweg führt – mit sehr negativen Folgen für das Leben im Alter.
Beim Siebener-Rhythmus geht es um Beobachtungen, die den

Menschen in Beziehung zu den Rhythmen der Schöpfung bringen. Daraus werden Einflüsse auf sein Leben abgeleitet, zum Beispiel der von Sonnenlauf und Erdrotation verursachte Wechsel von Tag und Nacht oder die Kräfte, die von Planeten wie dem Mond auf Menschen, Tiere und Pflanzen einwirken. Solche Erfahrungen werden seit Menschengedenken mit dem Kosmos verknüpft und bestimmten Sternzeichen oder Planeten zugeordnet. Diese Beobachtungen haben nichts zu tun mit einer Astrologie, die in Horoskopen den Einfluss der Gestirne auf das Schicksal eines Menschen voraussagt. Vielmehr haben die Menschen mithilfe der Sternbilder versucht, ihre Erfahrungen zu transzendieren und sich in Beziehung zu einer universalen Schöpfung zu setzen. In Demut erkennt der Mensch, dass er nicht nur mit der Natur verbunden ist, die ihn unmittelbar umgibt, sondern dass alles menschliche Leben in eine allumfassende Ordnung eingebunden ist.

Aus den kosmischen Bewegungen und dem Lauf der Gestirne wurde für den Menschen ein Rhythmus abgeleitet und interpretiert. Nach dieser mythologischen Vorstellung gibt es in der Schöpfung Abläufe, die dem menschlichen Leben entsprechen. Im Siebener-Rhythmus werden solche Beobachtungen beschrieben.

Unser Körper wandelt sich ständig. Zellen, Gewebe und Organe wachsen, reduzieren sich irgendwann, sterben ab und bilden sich neu. Es heißt, dass sich der menschliche Körper alle sieben Jahre zum Großteil erneuert.

Anders verläuft dagegen der seelische Prozess: Er unterliegt einer ständigen Höherentwicklung. Das geistige Leben wird immer weiter und reift – bis zu einem erstaunlichen Grad von Vollendung, den ein Mensch trotz seiner Unvollkommenheit erreichen kann. Menschen werden dann weise, sie leben in heiterer Gelassenheit. Dieses seelische Wachstum geht einher mit dem zunehmenden Verfall des Körpers. Vermutlich bedingen die beiden gegenläufigen Entwicklungen einander: Das geistige Wachstum speist sich aus dem Körper, der immer mehr abbaut. Im hohen Alter wird der Mensch schließlich unabhängig und frei. Es ist ihm egal, was andere über ihn denken, weil er nicht mehr in einem Verhaltenskorsett gefesselt ist. Dieser Mensch fürchtet auch den Tod nicht. Er hat sein Leben gelebt, verarbeitet und angenommen.

Die einzelnen Siebener-Rhythmen hängen eng miteinander zusammen. Jede Entwicklungsphase des Menschen hat ihre Ursachen in vorangegangenen Ereignissen. Für unser Thema, das Altwerden, sind vor allem die Sieben-Jahres-Rhythmen nach dem 42. Lebensjahr von Interesse, weil spätestens jetzt, in der Mitte des Lebens, der spirituelle Weg ins Alter seinen Anfang nehmen sollte. Was geschieht in dieser Lebensphase – und warum sollten wir schon jetzt beginnen, uns aufs Alter vorzubereiten?

In der Lebensmitte aufs Alter schauen

Die Erfahrungen mit dem Siebener-Rhythmus zeigen, dass der Mensch mit 42 Jahren einen Lebensabschnitt hinter sich gebracht hat, in dem er vor Energie nur so sprühte. Dabei ging es vor allem um Macht, Karriere und Durchsetzungskraft. Männer und Frauen haben um ihren Platz im Leben gekämpft, viele ihrer Ziele und Träume verwirklicht. Es war auch die Zeit der jungen Wilden, die mit den Menschen, die sich ihnen in den Weg stellten, kurzen Prozess machten. Schneidige Bankmanager, Agentur-Chefinnen, erfolgreiche Jungunternehmer, Yuppies auf dem Karriere-Trip und smarte Typen aus Politik und öffentlichem Leben – oft sind sie rücksichtslos ihren Erfolgsweg gegangen.

Beziehungen konzentrieren sich in dieser Zeitspanne vor dem 42. Lebensjahr vor allem auf den Beruf und seine Kampffelder. Bei Männern gilt die berufliche Selbstverwirklichung als selbstverständlich und legitim, während Frauen gern in die Ecke der Emanzipation gestellt werden. Frauen verspüren häufig den Wunsch, sich aus der Abhängigkeit von Mann, Familie und Kindern zu lösen; in diesem Lebensabschnitt gibt es die meisten Trennungen und Scheidungen. Aber auch als Mutter und Hausfrau braucht die Frau Kraft, um sich durchzusetzen – gegenüber ihren heranwachsenden Kindern und gegenüber ihrem Mann.

Doch in dieser Phase seines Lebens erfährt der Mensch auch, dass Erfolgsdenken und Unnachgiebigkeit nicht immer zum Erfolg führen. Manches lässt sich leichter erreichen, wenn man besonnen vorgeht. Klugheit und Zurückhaltung werden zu neuen Tugenden. Der Mensch erlebt Konflikte, lernt das Scheitern und erste Niederlagen kennen.

Das Leben von 42 über 49 bis 56 – die Grundlage für sinnvolles Altwerden

In der Mitte des Lebens beginnt ein doppelter Siebener-Rhythmus. Die Zeit zwischen dem 42. und dem 56. Lebensjahr ist geprägt von wichtigen Einsichten und spirituellen Perspektiven. Männer und Frauen können in dieser Phase den Grundstein für ein gutes Leben im Alter legen, denn die bewusste Hinwendung zur Spiritualität wirkt wie ein Samen, der eines Tages reiche Früchte trägt.

Der Mensch erkennt, dass seine kämpferischen Bewegungen allmählich zur Ruhe kommen und dass es im Leben nicht mehr allein um Auseinandersetzungen, um Siege oder Niederlagen geht. In der ersten Lebenshälfte lag der Schwerpunkt vor allem auf Äußerlichkeiten: Es zählen in erster Linie die berufliche Karriere, das eigene Haus, Autos und Urlaube, Partys und Events, außerdem die Familiengründung, das Heranwachsen der Kinder, der Freundeskreis.

In der Lebensmitte geschieht fast immer eine Wende. Jetzt wird der Mensch konfrontiert mit Ereignissen, die sein Leben durcheinanderbringen. Oft sterben in dieser Zeit die Eltern und gute Freunde, nicht selten scheitert die Ehe, die Kinder verlassen das Elternhaus und gehen ihre eigenen Wege. Im Beruf steigen die Anforderungen, man wechselt die Arbeitsstelle, Kündigung und Entlassung drohen – und der Mensch spürt die beginnenden Verschleißerscheinungen an Körper und Seele. Es ist eine Zeit, in der ihm die ersten tiefen Verlusterfahrungen die eigene Begrenztheit vor Augen führen. Ab Mitte 40 kommt häufig die Einsicht, dass einem das Leben vieles vorenthalten hat, und es tun sich Fragen nach dem Sinn auf.

Jetzt hat der Mensch die Möglichkeit, zu sich selbst zurückzufinden, nachdenklicher zu werden, sich der Spiritualität und vielleicht dem Glauben zu öffnen. Auf jeden Fall hat er die Möglichkeit, seinen Weg langsamer zu gehen und das Leben gelassener zu betrachten. Ihm wird bewusst, dass das Wachstum nicht unendlich ist, sondern dem Werden und Vergehen unterliegt.

Die starken Spannungen, die bisher das Leben und den Erfolg bestimmt haben, lösen sich allmählich, das kämpferische Element weicht einer gelasseneren Einstellung. In dieser Lebensphase erkennt der Mensch Zusammenhänge, die er bisher kaum beachtet hat. Jetzt kann er sein Leben mit mehr Ruhe und Distanz betrachten. Die Ziele verlagern sich an der Schwelle zur zweiten Lebenshälfte mehr und mehr von außen nach innen, der Blick richtet sich zusehends weg von der Erde – hin zu Höherem. Der Mensch wird bereit, anderen zu helfen, und zwar aus ehrlicher Überzeugung heraus und nicht mehr nur aus Berechnung, wie das früher oft der Fall war. So ist es ganz natürlich, dass sich Männer und Frauen mehr mit ihrem Schicksal und mit der Frage nach dem Sinn des Lebens beschäftigen – es sind erste Schritte auf dem Weg zu Weisheit.

Doch leider nehmen viele diese ganz natürliche Wandlung in der Lebensmitte nicht als Chance wahr und reagieren falsch. Sie weigern sich, in ihr Inneres hineinzuschauen, und treten die Flucht an. Meistens stürzen sie sich dann noch stärker auf die Äußerlichkeiten der Welt und wollen mit Gewalt alles verbessern und verschönern. Dabei werden sie oft rücksichtslos, rechthaberisch oder sogar tyrannisch. Firmenbosse kleben dann an ihrem Chefsessel und sind nicht bereit, der jüngeren Generation die Verantwortung zu übergeben. Sie bilden sich ein, sie seien unersetzlich und müssten weiterkämpfen. Andere bleiben eisern in ihrer bisherigen Einstellung verhaftet, wollen bewusst nichts verändern oder erneuern – und erstarren dabei. Doch auch die gegenläufige Tendenz wird oft sichtbar: eine Flucht in die Rastlosigkeit, in der die Menschen alle bisherigen Lebensformen über Bord werfen und sich von einem Experiment ins nächste stürzen.

Menschen zwischen Anfang 40 und Mitte 50 nehmen solche Störungen häufig nicht wahr, weil sie in diesem Alter körperlich meist noch ziemlich fit sind und kaum an Gebrechen leiden. Die gute physische Verfassung kann aber darüber hinwegtäuschen, dass der Mensch in dieser Phase seines Lebens eine allmähliche Abwendung vom Körperlich-Materiellen hin zu seelischen und geistigen Entwicklungen braucht. Wenn er seine Emotionen nicht lebt und seine geistige Entwicklung missachtet, wenn er sich weiterhin hetzen und treiben lässt, wenn er den alten Zeit- und Erfolgsdruck nicht in mehr Gelassenheit umwandelt, wenn ihm der Stress wie eh und je das Leben vergällt und er nicht zu innerer Ruhe finden kann, dann verliert der Mensch seinen Rhythmus, seine Ausgeglichenheit, seine Mitte. Wer den Wandel missachtet, stört seinen natürlichen Lebensrhythmus und öffnet allen möglichen Krankheiten Tür und Tor.

Leider ist bei vielen Menschen die Bindung an konventionelle Sicherheiten stärker als ihre Bereitschaft zur Veränderung, zum Schritt auf die nächste Stufe des Lebens. Dann »bearbeiten« sie ihre Gefühle und Ängste nicht bewusst, sondern drängen sie ins Unterbewusstsein ab. Die Verbindung zum individuell gestalteten Leben kann abreißen, Sinnverlust, Ziellosigkeit und Unlust können den weiteren Weg versperren. Die Gefahr ist jetzt groß, dass die brachliegenden inneren Kräfte sogar in abnormes organisches Wachstum umschlagen, sodass der Lebenswille zum Vernichtungswillen entartet. Die nicht in sinnvolles Denken, Fühlen und Handeln umgewandelte Lebensenergie kann sich dann in vielerlei Krankheiten niederschlagen.

Wer dagegen die natürliche Wandlung in seiner Lebensmitte annimmt und als Chance begreift, erfährt, dass alles Wachstum dem Werden und Vergehen unterliegt. Diese Erkenntnis bringt positive Auswirkungen mit sich: Die starken Spannungen lassen nach, der Mensch fühlt sich nicht mehr so gehetzt und kämpferisch und erkennt in seinem Inneren neue Zusammenhänge. Diese Erfahrungen führen dazu, dass Probleme zwar nicht teilnahmslos, aber mit Ruhe und Distanz betrachtet werden. Anders gesagt: Man lässt sich nicht mehr so leicht »verrückt« machen und kommt durch viele Lebenserfahrungen zu neuen Einsichten und Schlüssen. Jenseits der 50 werden dem Menschen bestimmte Werte bewusst. Er erlebt mitunter eine innere Ergriffenheit – sein Horizont und sein Herz sind weit geworden. Es ist die Zeit, in der ihm der Tod nahestehender Menschen die eigene Begrenztheit und Sehnsucht nach dem Jenseits bewusst werden lässt. Diese Erfahrungen und die Beschäftigung mit dem Schicksal, mit der Frage nach dem Sinn des Lebens führen ihn zu ganz neuen Einsichten.

Die Zeit zwischen 42 und 56 ist für die meisten Menschen der Abschnitt ihres Lebens mit den tiefsten und nachhaltigsten spirituellen Erlebnissen. Im besten Fall findet ein Mensch zu einem fast idealen Gleichgewicht zwischen körperlicher und geistiger Energie. Er ist in diesem Alter körperlich noch sehr fit – und hat doch bereits viele geistige und seelische Erfahrungen gemacht.

Von 56 über 63 bis 70 –
Leben im Bewusstsein des nahenden Endes

In den Lebensjahren zwischen 56 und 70 umfasst der Siebener-Rhythmus wieder einen Doppelbogen. Jetzt wird sich der Mensch seiner Vergänglichkeit bewusst und setzt sich mit dem eigenen Tod auseinander. Manche verzweifeln dabei, werden melancholisch und depressiv, hadern freudlos mit ihrem Schicksal. Nicht selten werden sie misstrauisch und mürrisch oder verhärten – das Leben wird für sie oft zur Plage. Andere Menschen wiederum erleben dagegen einen harmonischen Lebensabend. Sie werden – im wahrsten Sinne des Wortes – »gewissen-haft«, denn ihr Gewissen dient ihnen als Richtschnur im Leben.

Die erste Phase zwischen 56 und 63 ist häufig noch geprägt von der Auseinandersetzung mit dem eigenen Schicksal und der Erkenntnis, dass sich das Leben dem Ende entgegenneigt. Der Mensch erkennt noch mehr seine Grenzen, die ihm in dieser Klarheit vorher nicht bewusst waren – und er weiß, dass er sich allmählich der Schwelle zum Tod nähert. Entscheidend ist, wie ihm die Auseinandersetzung mit dieser Schicksalsfrage gelingt. Wenn er nur noch Angst vor dem Tod hat und keine Perspektiven, wie sie von Religionen vermittelt werden, sieht, wird er verzweifeln. Gläubige Menschen können ihr Schicksal oft annehmen. Sie erkennen in dieser Phase, dass der Tod nicht ein Feind, sondern ein Befreier ist, der das Schicksal überwindet und den Menschen in einen anderen Raum zu neuem Leben hineinführt. Anstatt zu erstarren und zu verknöchern, kann ein alter Mensch sein Schicksal in eine Verinnerlichung umwandeln, die ihn durch eine dunkle Zeit zum Licht führt. Mit dem allmählichen Schwinden der Lebenskräfte erstarkt der Mensch in dem Vertrauen, dass nach dem Tod eine neue Entwicklungsstufe kommt. Am Ende der Äußerlichkeiten reift die Erkenntnis von seelischen und geistigen Zusammenhängen aus – das Leben vollendet sich.

In dieser letzten Phase des Siebener-Rhythmus verlieren Illusionen und Fantasien ihre Kraft. Die einen ebnen sich einen Weg für die Zeit nach dem Tod und andere, die diese Phase nur als Krise erleben, wenden sich zurück in ihre Vergangenheit, die sie ständig verherrlichen. Wer ein Leben lang in Äußerlichkeiten gelebt und nur materielle Dinge für wichtig gehalten hat, kann in ein tiefes Loch der Resignation fallen. Die Erfahrung zeigt, dass gläubige Menschen die Zeit vor dem nahenden Tod ohne Angst erleben. Ihre Hinwendung zum neuen Licht kennzeichnet das Leben nach dem letzten Siebener-Rhythmus, also jenseits der 70.

Ab 70 in die Vollendung gehen

Im Siebener-Rhythmus wird der letzte Lebensabschnitt im kosmischen Bild von der Sonne regiert. In ihrem Licht vereint sich, was bisher getrennt war, alle Töne und Klangfarben des Lebens leuchten gemeinsam auf. Das Anhaften des Menschen an die Erde und an sein Ich löst sich allmählich auf. Alles wird leichter, die äußeren Dinge bewegen sich aufs Ende zu. Im gleichen Maß, in dem der Leib schwindet, werden innere Werte und die Sehnsucht stärker. Der geläuterte Mensch ist, auch wenn er an Gebrechen leidet, heiter und abgeklärt, ruhig und gelassen. Er nimmt sein Schicksal an und legt sein Leben in die Hände Gottes. Im Lebensabend spiegelt sich noch einmal vieles wider, was früher geschehen ist. Menschen, die ihre Kindheit nicht richtig ausgelebt haben, holen sie vielleicht in ihrem letzten Lebensabschnitt nach: Sie werden wieder zum Kind, werden hilflos und müssen oft als Pflegefall versorgt werden. Wer in seiner Venus-Phase zwischen 21 und 28 Probleme in Liebe und Partnerschaft hatte, verliebt sich nicht selten im hohen Alter wieder und Menschen, die ihre kämpferische Zeit zwischen 30 und 40 nicht ausgelebt haben, neigen im Alter dazu, kaltherzig und starr zu werden.

Andere spüren im Licht der Abendsonne die Wärme, die von ihr ausgeht. Diese Menschen sind in Weisheit und Güte alt geworden – sie haben ein vollendetes Leben, auch wenn sie sich an vieles nicht mehr erinnern können. Die Abendsonne symbolisiert die Verwandlung der Materie: Alles drängt zum Licht, zu Weite und Wärme, und die Sehnsucht des Menschen nach ewiger Geborgenheit wird immer stärker.

Passt die gestiegene Lebenserwartung
noch zum alten Siebener-Rhythmus?

Der Siebener-Rhythmus ist eine uralte menschliche Erfahrung. Im Laufe der Jahrhunderte jedoch wurde das Leben durch Fortschritte in der Medizin, durch Medikamente und Ernährung beeinflusst. Allein die Kosmetikindustrie verdient ein Vermögen mit angeblich verjüngenden Präparaten, die das geistige Wachstum und das allmähliche Schwinden des Körpers verleugnen. Wenn der Mensch sinnvoll leben will, werden ihm die Reifungsschritte, wie sie im Siebener-Rhythmus überliefert sind, zu einer großen Hilfe.

Die inzwischen stark gestiegene Lebenserwartung scheint allerdings mit den Erfahrungen des alten Siebener-Rhythmus nicht mehr synchron zu laufen. Vor allem die Zeit ab dem 56. Lebensjahr, die laut Siebener-Rhythmus bereits eine erste Auseinandersetzung mit dem nahen Tod bringt, muss heute wohl anders gesehen werden. Allerdings ist es jetzt noch zu früh, um aus den Erfahrungen weniger Jahre oder Jahrzehnte bereits grundlegende Rückschlüsse auf eine Veränderung der alten Lebensrhythmen ableiten zu können. Natürlich machen sich nach wie vor viele Menschen zwischen 56 und 70 Gedanken über den Tod, und die »klassischen« Leiden in dieser Lebensphase (Stress, Herz-Kreislauf-Erkrankungen, Krebs, Diabetes usw.) sind auch in der Gegenwart unverändert aus den Statistiken abzulesen. Aber die meisten Mittsechziger sind heute viel rüstiger als früher. Sie werden von der Werbeindustrie als konsumfreudige »Golden Agers« umworben – kein Wunder, schließlich verfügen die meisten Senioren über konjunkturunabhängige Einkünfte, die sie für Reisen und hochwertige Nahrungsmittel, für Gesundheits- und Wellnessprodukte, für Wohnen und für ihre Enkel ausgeben. Die Beschäftigung mit dem Tod ist eher selten, sodass der bisherige Siebener-Rhythmus zwischen Mitte 50 und 70 derzeit wohl nicht mehr uneingeschränkt gelten kann.

Trotzdem ist es sinnvoll, dass wir auch in der Gegenwart die einzelnen Rhythmen zwischen Geburt und Lebensmitte beachten, sonst bleibt es uns nicht erspart, dass wir die Versäumnisse in späteren Lebensphasen »nachholen« müssen. Manchmal kann so ein zeitversetzter Prozess sogar zum Blick ins Panoptikum werden: Die geliftete 50-jährige Blondine im Minirock lässt aus der Disco grüßen. Sie lebt jetzt aus, was ihr – vielleicht wegen zu

40

früh übernommener Verantwortung – als Teenager oder junger Frau zwischen 21 und 28 nicht möglich war.

Auch die Zeit nach 70 scheint durch die deutlich gestiegene Lebenserwartung von den Erkenntnissen, wie sie im alten Siebener-Rhythmus geschildert werden, abzuweichen. Warum, zum Beispiel, nehmen Demenzerkrankungen, vor allem Alzheimer, in so enormem Maße zu? Gibt es eine Erklärung für das immer häufiger auftretende Parkinson-Syndrom, für Krebs, für Zivilisationskrankheiten wie Bluthochdruck, Diabetes und Herz-Kreislauf-Leiden? Auf welche Störungen in früheren Lebensrhythmen gehen diese Krankheiten ursächlich zurück?

Wir wissen es nicht, darauf gibt es noch keine schlüssigen Antworten. Möglicherweise ist die deutliche Lebensverlängerung nicht nur auf medizinische Erfolge zurückzuführen, sondern auch darauf, dass die Menschen ihre »Hausaufgaben« im Leben noch nicht erledigt haben – und zwischen 70 und 90 ihr unerledigtes Denken und Handeln erst noch aufarbeiten müssen, bevor der erlösende Weg in den Tod frei ist? Vielleicht geschieht dieses Aufarbeiten in einer Art und Weise, die wir nicht begreifen können, weil wir den Schöpfungsplan nicht kennen. Könnte es nicht sein, dass wir nicht sterben sollen, bevor wir nicht die vielen Fragen beantwortet haben, denen wir früher immer ausgewichen sind? Dann allerdings wäre die Lebensverlängerung für einen Menschen umso größer, je umfangreicher seine noch unerledigten Aufgaben sind.

Dieser Gedanke lässt sich am besten an einem konkreten Beispiel darstellen. In den ersten beiden Siebener-Rhythmen zwischen der Geburt und dem 14. Lebensjahr geht es vor allem um die Entwicklung zur Eigenständigkeit, es geht also darum, dass wir uns allmählich aus der Abhängigkeit von anderen lösen. Viele Kinder erleben in dieser wichtigen Phase Defizite. Sie bekommen aber im hohen Alter noch einmal die Gelegenheit, diese ungelösten Probleme zu »bearbeiten«. Auf der körperlichen Ebene holen sie dann die Baby-Jahre nach und lassen sich füttern, wickeln und rundum versorgen. Auch im geistigen Bereich besteht oft Nachholbedarf. Im Gegensatz zu früher sind die meisten Menschen im Alter materiell abgesichert und nicht mehr in äußere Zwänge verstrickt. So haben sie die Möglichkeit, alte Kindheitsprobleme wie die nicht geglückte Befreiung aus der Abhängigkeit von Eltern, Freunden und Autoritäten auf einer geistigen Ebene bewusst aufzuarbeiten. Die Menschen bekommen also eine zweite Chance, um ungelöste Lebensprobleme aus der Vergangenheit zu klären – zugegeben: eine vage Theorie.

Künftige Lebensrhythmen

Gegenwärtig stehen wir ziemlich ratlos vor dem Phänomen des Altwerdens, und es braucht wahrscheinlich noch eine lange Zeit der Beobachtung, bis sich die gestiegene Lebenserwartung auch im Siebener-Rhythmus niederschlägt. Wie weit sich die Lebensspanne auf der Zeitachse noch dehnen wird, ist ebenfalls ein Rätsel. Forscher vermuten, dass der Mensch 120 Jahre alt werden kann. Wie sich in diesem Fall die einzelnen Siebener-Rhythmen jenseits der 70 fortentwickeln, weiß heute niemand. Auch die statistischen Daten lassen keinerlei Rückschlüsse auf die Kernfrage zu: »Wann hat sich ein Leben erfüllt?« Wahrscheinlich werden wir das nie erfahren, weil wir den göttlichen Plan nicht kennen.

In den Todesanzeigen der Zeitungen liest man oft merkwürdige Urteile über Menschen, die soeben verstorben sind. Da behaupten zum Beispiel die Hinterbliebenen häufig, der oder die Tote sei »nach einem erfüllten Leben« verschieden. Woher wollen sie das wissen? Vielleicht hatten sich die Verstorbenen noch vieles vorgenommen – Dinge, die sie leider nicht mehr erledigen konnten, weil der Tod sie überraschte. Und genauso irreführend kann eine Todesanzeige sein, in der ein 23 Jahre alter Student betrauert wird, der »plötzlich und unerwartet mitten aus einem unerfüllten Leben gerissen« wurde – wer weiß denn, ob der junge Mann die Aufgaben, die ihm im Schöpfungsplan zugewiesen waren, nicht schon erfüllt hat?

Selbst bei Alzheimer-Kranken ist es denkbar, dass sich in ihnen der göttliche Lebensplan erfüllt. Wir können nicht hineinschauen in die allmählich verlöschende Persönlichkeit. Rein äußerlich betrachtet erscheint die Verwirrtheit als höllisches Siechtum, aber vielleicht steckt dahinter ein Sinn, den wir bloß nicht verstehen können. Unser Verstand reicht nicht aus, um die Ursachen dieser Leiden medizinisch zu begründen. So stehen wir der Alzheimer-Krankheit trotz ständig wachsender Erkenntnisse immer noch ziemlich machtlos gegenüber. Die steigende Lebenserwartung jedenfalls scheint das Problem zu verschärfen, weil die Zahl der Erkrankungen jenseits der 70 stark zunimmt. Mithilfe der Statistik lässt sich vorhersagen, dass unter den 100-Jährigen künftig nur noch jeder Zehnte von Alzheimer verschont bleiben wird. Das nährt die Vermutung, dass Alzheimer vielleicht gar keine Krankheit, sondern eine Art »Ausstiegsmodell« aus dem Leben ist, in dem sich aufgrund eines natürlichen Prozesses unser Verstand allmählich auflöst. Aber hat so ein Leben noch Würde? Der betroffene Patient, die Angehörigen, die ganze Gesellschaft – keiner weiß, welcher Sinn hinter diesem Leiden steht. Der Alzheimer-Kranke hat die Orientierung in der Welt verloren. Er erkennt niemanden mehr, weder sich selbst noch andere. Umso wichtiger ist dann die Frage, ob es einen Weg gibt, der ihm dieses Siechtum ersparen kann. Bei Alzheimer endet das Menschenleben im geistigen Chaos. Krebs erscheint wie das körperliche Pendant dazu, weil Zellen und Gewebe in totaler Orientierungslosigkeit entarten.

Wahrscheinlich muss der Siebener-Rhythmus um die Erfahrungen erweitert werden, die ein erheblich längeres Leben mit sich bringt. Wir dürfen jedenfalls gespannt sein, was die weiteren Beobachtungen zum Siebener-Rhythmus ergeben.

Die Meditation des Bankdirektors

Ein gestresster Bankdirektor, der alle Anzeichen eines Burn-out-Syndroms hatte, kehrte für drei Monate in ein Benediktiner-Kloster ein. Sein Lebensrhythmus war völlig durcheinandergeraten und er hoffte, im Zusammenleben mit den Mönchen wieder zu sich zu finden und gesund zu werden. Als sein Klosteraufenthalt zu Ende ging, fragte ihn der Abt, welche Erfahrung für ihn am wichtigsten war und was er in sein künftiges Leben nach »draußen« mitnehmen wolle.
»Vor allem die tägliche Mittagsmeditation von 11.30 bis 12 Uhr hat mir gutgetan«, sagte der Bankdirektor. »Aber leider kann ich sie nicht weitermachen, wenn ich wieder in der Bank arbeite, weil gerade in dieser Zeit immer der Teufel los ist.«
Der Abt riet ihm, die Mittagsmeditation trotzdem nicht aufzugeben. Sein Vorschlag: Er solle seine Sekretärin beauftragen, künftig von 11.30 bis 12 Uhr keine Termine mehr für ihn zu vereinbaren und keine Telefonate durchzustellen, damit er in seinem Bürosessel – wie im Kloster – eine halbe Stunde meditieren könne.
Der Bankdirektor befolgte den Rat des Abtes – und siehe da: Es funktionierte!
Ein halbes Jahr später, als der Abt den Bankdirektor einmal in der Arbeit besuchte, sagte die Sekretärin im Vorzimmer zu ihm: »Seit mein Chef wieder aus dem Kloster zurück ist, hat

sich bei uns alles verändert: Er ist freundlicher und ausgeglichener als früher, das Betriebsklima in der Bank hat sich deutlich verbessert und unser Geschäft läuft wie geschmiert. Ich frage mich nur: Was macht er eigentlich immer mittags in der halben Stunde im Büro, in der ich ihm alles vom Leib halten muss?«

»Ich vermute, er rettet die Bank«, lächelte der Abt, »aber fragen Sie ihn doch selbst einmal!«

Das tat die Sekretärin und der Bankdirektor erzählte ihr von seiner täglichen Meditation, die ihm den Lebensrhythmus zurückgebracht habe – und von dem heiligen und geschützten Raum, in den sich sein Büro jeden Tag von 11.30 bis 12 Uhr verwandelt.

Lebensrhythmen oder Chaos

*Es kommt, wie es kommen muss. Ich tue niemandem etwas,
ich passe auf meine Hühner auf, damit sie der Fuchs nicht
holt, und ich bete jeden Tag. Also was soll ich mir da noch Gedanken über morgen machen!*

Lindenwirtin Josefine Wagner

Warum ein Mensch nicht ewig jung bleibt, sondern im Laufe der
Jahre altert – darüber rätseln Wissenschaft und Forschung auch
heute noch. Es wird vermutet, dass unser genetisches Material,
körpereigene Eiweiße und weitere Stoffe durch die ständige, oft
übermäßige Sauerstoffzufuhr, durch giftige Substanzen und
durch Veränderungen in der Erbmasse abgenutzt und geschä-
digt werden, sodass sie ihre Aufgaben im Körper nicht mehr
erfüllen. Diese Einflüsse auf den Lebensprozess lassen sich mit
einer Maschine vergleichen: Je schneller sie läuft, desto stärker
nützt sie sich ab – mit der Folge, dass sich ihre Lebensdauer verkürzt. Im Umkehrschluss bedeutet das: Wenn die Maschine im
normalen Tempo betrieben wird, bleibt sie länger intakt.

Diese Erfahrung lässt sich auf den Menschen übertragen.
Seine Lebensrhythmen sind dann optimal, wenn sie weder zu
hektisch noch zu langsam ablaufen – sie sollen nicht zu schnell
verschleißen, aber auch nicht einrosten. Auch im System Mensch
bricht das Chaos aus, wenn die einzelnen Rhythmen aus dem
Takt geraten – der Atem und der Herzschlag, die Ausgewogenheit von Schlafen und Wachsein, von Spannung und Entspannung, von Bewegung und Ruhe, von Arbeit und Pause und auch
der meist unterschätzte Essensrhythmus ist wichtig.

Wir sollten schon sehr früh damit beginnen, einen gesunden
Lebensrhythmus einzuüben, denn er ist die Voraussetzung dafür, dass wir zu Harmonie und innerer Zufriedenheit finden.

Das tut gut – nicht nur im Alter, sondern auch in jüngeren Jahren. Selbstverständlich ist das Lebenstempo nicht immer gleich. In jungen Jahren, wenn Berufskarriere und Familiengründung anstehen, sind wir oft überaktiv und hektisch und im Alter neigen wir zu Trägheit. Beides sind Pendelausschläge, die sich störend auswirken können.

Ein Mensch, der im richtigen Rhythmus lebt, gleicht einem Orchester: Wenn alle Instrumente harmonisch aufeinander abgestimmt sind, kann alles gespielt werden – der Triumphmarsch aus der Oper »Aida«, der Trauermarsch von Chopin oder ein ausgelassener Samba. Wichtig ist, dass der Rhythmus im »inneren Orchester« des Menschen stimmt, sonst gibt es zwischen den Instrumenten kein richtiges Zusammenspiel. Besonders auffallend ist das bei Krankheiten. Wenn ein einzelnes Organ Schwierigkeiten hat und deshalb aus der Reihe tanzt, fühlt sich der ganze Körper krank. Die Krankheit kann daher als eine Folge von inneren Verstimmungen, von fehlenden oder falschen Rhythmen gesehen werden. Die Zelle wird krank, wenn sie nicht mehr im eigenen Rhythmus oder im Rhythmus des Zellverbandes lebt. Bei Krebserkrankungen gerät die Zelle völlig außer Rand und Band und bei Alzheimer spielt das Gehirn »verrückt«. Deshalb ist es wichtig, dass die verschiedenen Rhythmen des Körpers und der Seele zueinander in Beziehung gesetzt werden.

Im Alter ist es besonders sinnvoll, sich jeden Abend in einer kurzen Reflexion anzuschauen, was der heutige Tag gebracht hat, und sich dabei zu fragen: Bin ich zu schnell unterwegs gewesen? Habe ich zu viel oder zu ungesund gegessen? War mein Arbeitspensum zu groß, habe ich zu wenig Pausen gemacht? In ihrem Abendgebet schließen Benediktinermönche sehr bewusst Frieden mit dem Tag – das ist eine Versöhnung mit sich selbst, mit anderen und mit den Ereignissen, die geschehen sind.

Es ist nicht dramatisch, wenn man seine Vorsätze hin und wieder nicht einhält, aber wir dürfen unsere Rhythmen und unsere Ordnung im Leben nicht dauerhaft missachten. Leider ist dieses Bewusstsein vielen abhandengekommen. Doch ohne eine Grundordnung wird das Leben zum Chaos – und zur Krankheit. Denn wenn der Lebensrhythmus eines Menschen nachhaltig gestört ist, wird er krank. Vor allem physischer und psychischer Stress gefährdet die Gesundheit, weil er den ausgewogenen Rhythmus von Körper und Seele durcheinanderbringt. Dabei brauchen Kopfarbeiter eher den Ausgleich durch körperliche Bewegung und Sport, während Menschen, die überwiegend körperliche Arbeiten verrichten, sich bei geistigen Tätigkeiten – zum Beispiel Lesen, Musik, Gespräche, Kontemplation – erholen können.

Keine Einbahnstraße

Wichtig ist auch, dass wir auf unserem Lebensweg nicht in eine Einbahnstraße geraten. Der Wissenschaftler zum Beispiel, der nur noch einseitig sein Fachgebiet durchdringen will und sich für nichts anderes mehr interessiert, ist dabei hoch gefährdet. Schon eine Sehschwäche wirft ihn aus der Bahn, weil er sein bisheriges Leben fast nur vor dem Computer oder am Mikroskop verbracht hat – mit dem zunehmenden Verlust des Augenlichts verschwindet auch seine Lebensperspektive. Wie sehr sich so jemand abkapseln kann, seine Beziehungen zu anderen Menschen kappt und sich aus dem Leben zurückzieht, zeigt dann ein Blick in sein Arbeitszimmer: Auf dem Boden, auf Stühlen, in Regalen, in Schränken und auf dem Schreibtisch liegen Stapel von Zeitschriften, Büchern und Zetteln, die er über Jahrzehnte wild gesammelt hat. Doch außer ihm weiß niemand, wo was zu finden ist. Es herrscht Chaos! Dem Nachfolger dieses erblindeten Forschers wird eines Tages nichts anderes übrig bleiben, als das wissenschaftliche Sammelsurium in den Müllcontainer zu werfen.

Auch alte Menschen neigen zur Sammelwut. Sie tragen in ihrer Wohnung die merkwürdigsten Gegenstände zusammen, heben alles auf in der Annahme, dass sie diese Dinge irgendwann einmal brauchen. Dieses Messie-Syndrom führt dazu, dass sich in der Wohnung jede Ordnung auflöst. Mit dem wachsenden Chaos in den Zimmern »vermüllt« auch der Mensch. Deshalb ist es in jeder Phase des Lebens wichtig, seine Lebensrhythmen zu beachten, sonst zerbricht die Ordnung. Erst die Rückkehr zu einem gesunden Rhythmus gibt dem Menschen Harmonie und Ausgewogenheit zurück.

Viele machen am Ende ihres aktiven Berufslebens einen großen Fehler. Kaum sind sie Rentner, stürzen sie sich in Aktivitäten: Senioren-Turnen, Schrebergarten, Fitness-Studio oder ein Vorstandsamt im Verein – mit ihrer Hyperaktivität setzen sie den alten Stress auch im Ruhestand fort. Sie könnten von den Benediktinern lernen, die solche abrupten Übergänge nicht kennen, denn die Mönche gehen nicht in Pension. Ihr ganzes Leben ist im Idealfall ein ausgewogener Rhythmus, der bestimmt wird von den Zeiten für Arbeit und Gebet, für Bewegung und Ruhe, fürs Essen und den Jahreslauf. Aus dieser Lebensordnung scheidet ein Mönch auch nicht mit 65 aus, wenn »draußen« die Gleichaltrigen von einen Tag auf den anderen in Rente gehen müssen. Der Benediktiner wird sein Leben in angemessener Weise auch im Alter weiterführen, nur geruhsamer und bedächtiger als früher. Sein Leben im Alter ist keineswegs langweilig oder einsam, sondern voller Sinn und Kreativität.

Eine schöne Bescherung

Der Heilige Abend ist ein Fest der Familie. Alles soll wie am Schnürchen laufen, alle sollen sich wohlfühlen. Aber das Besondere eines solchen Abends kommt auch manchmal durch die Hintertür ...

Hermann, seine Frau Anita und die beiden Kinder hatten, wie jedes Jahr, ein paar Verwandte in ihr kleines Haus am Stadtrand eingeladen. Hermanns Schwiegermutter, seine beiden Brüder und sein Schwager Rüdiger mit ihren Familien waren gekommen. Rüdiger hatte einen Überraschungsgast mitgebracht: Nero. Der große schwarze Hund war, wie Rüdiger erzählte, gerne in Gesellschaft und bekam regelmäßig Wutanfälle, wenn man ihn alleine zurückließ.»Erst vor zwei Wochen hat er unser schönes Biedermeier-Sofa zerlegt«, klagte der Rüdiger, versicherte aber den Hausherren, die erschrocken dreinblickten, sogleich:»Sonst ist unser Nero ein ganz braver und folgsamer Hund.«

Pünktlich um sieben begann die gemeinsame Bescherung. Voller Vorfreude und Spannung wartete die Familie darauf, dass der Hermann endlich mit der kleinen Glocke läuten und die Tür zum Wohnzimmer öffnen würde.»Kling, kling«, ertönte es und alle drängten hinein in die Stube, am schnellsten aber war Nero. Wie ein Blitz schoss der schwarze Hund durchs Zimmer, setzte zum Sprung an und landete mitten im Geschenkeberg unter dem Christbaum – und zwar genau vor dem rot-weiß karierten Stoffsäckchen, aus dem der verlockende Duft einer ungarischen Salami strömte. Die wollte Anita ihrem Hermann zum Fest schenken, aber der Hund war der irrigen Meinung, dass das Christkind die Salami allein für ihn mitgebracht hatte.

Und wenn der Nero eine Wurst riecht, ist mit ihm nicht zu spa-

50

ßen. Das merkten auch die anderen recht schnell: Sobald jemand die Hand nach einem Päckchen unter dem Christbaum ausstreckte, fing Nero wütend zu bellen an und fletschte gefährlich die Zähne – sein Geschenk sollte ihm keiner mehr wegnehmen! »Es hat keinen Zweck, wir kommen jetzt nicht an die Geschenke ran«, sagte der Rüdiger zu den anderen, die voller Sehnsucht zu den Präsenten unter dem Baum schauten. »Wir müssen warten, bis der Nero mal Gassi gehen muss.«

In der Zwischenzeit bereitete Anita das Abendessen, Bratwürste mit Kraut, zu. Und der Hermann schleppte das Bierfass, das er im Keller kalt gestellt hatte, nach oben ins Wohnzimmer. »Den Zapfhahn drücke ich mit der Hand hinein«, erklärte er stolz, »dazu brauche ich keinen Hammer!« Unter den bewundernden Blicken aller Verwandten steckte er den Zapfhahn aus Messing ins Spundloch und drückte mit der blanken Hand dagegen – er drückte und drückte, doch nichts tat sich. Plötzlich schoss eine Bierfontäne in hohem Bogen aus dem Spundloch und spritzte die ringsum stehende Verwandtschaft von oben bis unten voll. Was für ein Geschrei! Alle schimpften wild durcheinander.

»Ach Gott, meine schöne Tapete!«, rief Anita entsetzt. »Ach Gott, das gute Bier« brüllten die Männer. Im Wohnzimmer brach das Chaos aus. Aus dem Fass floss weiterhin das Bier, trotz Hermanns verzweifelter Bemühungen, es zu stoppen. Der Nero kläffte wild unter dem Baum und fletschte die Zähne und Anita weinte um ihre Tapete.

Am Ende des Abends standen zwar alle immer noch mit leeren Händen da, gaben aber Anita in ihrem Urteil Recht: »Eine schöne Bescherung ...« Dann fingen alle lauthals zu lachen an.

Der Atem ist ein Geschenk

Am schlimmsten ist ein Tag, wenn du nicht mehr richtig zum Schnaufen kommst. Du schnaufst zwar noch, aber das ist eigentlich für die Katz. Dann hängt dir am Abend die Zunge raus und du kannst nimmer. Deswegen ist es gut, wenn man tagsüber immer mal eine Verschnaufpause hat.

Lindenwirtin Josefine Wagner

Der Atem ist der Ur-Rhythmus des Lebens. In allen Religionen, in den Weisheitslehren und auch in der modernen Psychologie kennt man die Bedeutung des Atemrhythmus. Aber die meisten Menschen beachten ihn genauso wenig, wie sie auch ihren Herzschlag nicht bewusst wahrnehmen. Darin unterscheiden sich alte Menschen kaum von den jungen – mit der Folge, dass die meisten falsch atmen. Für sie kann es daher hilfreich sein, bestimmte Atemtechniken zu erlernen. Jeder hat bestimmt schon einmal selbst erlebt, wie gut zum Beispiel tiefes Durchatmen tut, wenn man plötzlich in eine Angstsituation gerät.

Der Atem ist die Energiequelle des Körpers. Er kann flach sein oder tief – immer ist er ein Barometer für unseren Körper und die Seele. Der Atem ist einfach da, Tag und Nacht. Wir atmen ein und dann wieder aus – scheinbar ein ganz simpler Vorgang. Doch dahinter steht ein Lebensprinzip, nämlich der ständige Wechsel von Geben und Nehmen. Atmen ist also mehr als ein automatischer Ablauf. Denn mit jedem Atemzug nehmen wir Lebensenergie auf und geben Energie in anderer Form ab. Diese Energie wiederum wird von den Pflanzen empfangen und erneut in Sauerstoff für den Menschen und für alle Lebewesen umgewandelt. Dieser ewige Kreislauf von Geben und Nehmen ist ein Rhythmus der Schöpfung: Mensch und Natur sind im Atemrhythmus direkt miteinander verbunden und aufeinander angewiesen. Der eine Teil der Schöpfung kann ohne den anderen nicht existieren.

Der Atemrhythmus steuert auch das Leben im Inneren des Menschen: die Verdauung, das Herz, die Organe und die Drüsen. Der gleichmäßige Atem gibt den Takt weiter an alle Stellen im Körper, auch an die Seele. Ein Mensch, der unter Depressionen leidet, atmet anders als jemand, der innerlich ausgeglichen ist. Im Schreck stockt der Atem oder wird schneller. Am besten bekommt es dem Menschen, wenn er ruhig und gleichmäßig atmet. Einüben können wir unseren Atemrhythmus fast überall: wenn wir an der Bushaltestelle warten oder im Zug sitzen, beim Spazierengehen oder auf der Parkbank. Wer mit Aufmerksamkeit und Sorgfalt atmet, versorgt seinen Körper, aber auch den Geist und die Seele mit großer Energie.

Der Atem verbindet den Menschen mit der Erde und mit der gesamten Schöpfung. Denn durch den Atem berühren sich die Menschen mit allen anderen Lebewesen, mit Pflanzen, mit der Luft, mit dem Kosmos. Und weil alle im gemeinsamen Rhythmus vereint sind, ist der Atem ein Zeichen der Solidarität in der Schöpfung. Der Mensch atmet nicht nur für sich selbst, sondern zugleich auch für die anderen Geschöpfe der Welt.

Es ist eine wunderbare, universale Gemeinschaft, in der jeder Einzelne nimmt und gibt. Egal, ob ein Grashalm im Garten oder der brasilianische Regenwald, ob ein Kopfsalat oder ein Mammutbaum im afrikanischen Dschungel: Jedes Blatt, jeder Baum erzeugt unter der Sonne den Sauerstoff, den Menschen und Tiere zum Leben brauchen. Die Pflanzen verschenken ihn an die Lebewesen, die ihn in Energie umwandeln und dann als Kohlenstoff an die Natur zurückgeben, die ohne dieses Geschenk ebenfalls nicht existieren kann.

So ist der Atemrhythmus ein großes solidarisches Gesetz, in dem alle Geschöpfe miteinander verbunden sind. In diesem

Kreislauf trägt jeder Verantwortung für den anderen, jeder schenkt und wird beschenkt. Dabei stehen Geben und Nehmen immer in einem ausgewogenen Verhältnis zueinander, keiner bereichert sich auf Kosten der anderen. Die Schlüsselblume kann nur wenig Lebensenergie abgeben, sie braucht aber auch nicht viel Energie zurück. Die dampfenden, atmenden Regenwälder am Amazonas versorgen einen ganzen Kontinent mit Sauerstoff – und müssen zum Dank dafür sorgsam gepflegt werden.

Diese universale Solidargemeinschaft arbeitet wie ein gigantisches Netzwerk, in dem alle Teilnehmer wie durch unsichtbare Fäden miteinander verbunden sind. Das ist das Mysterium des Atemrhythmus. Der Atem ist ein göttliches Geschenk, das alle Geschöpfe vereint. Im Bewusstsein, dass jeder von uns mit seinem Atem ein Teil dieser Schöpfung ist, werden wir eingebunden in diesen wunderbaren Rhythmus von Schenken und Empfangen.

Der Atem wirkt sich immer auch auf die jeweilige Verfassung eines Menschen aus. Deshalb kann er ein therapeutisches Mittel sein, um den Seelenzustand zu beeinflussen. Durch die bewusste Regulierung des Atems werden bestimmte Körperfunktionen und seelische Befindlichkeiten in eine ausgewogene Balance gebracht. In der Meditation wird die Atemtechnik ebenfalls genutzt: In der Versenkung und im Gebet öffnet der Atemrhythmus das Tor zu tiefen spirituellen Erfahrungen.

Leider atmen die meisten Menschen unbewusst oder haben sich eine falsche Technik angewöhnt. Sie können deshalb nicht erfahren, dass beim Atmen Körper und Seele zu einer spirituellen Einheit verschmelzen. Es wurde festgestellt, dass Menschen, die an körperlichen oder seelischen Krankheiten leiden, auch Schwierigkeiten mit ihrem Atemrhythmus haben. Das bedeutet, dass falsches Atmen auf Dauer wirklich zu Störungen führt.

Es ist bemerkenswert, dass die Menschen in den hoch entwi-

54

ckelten Industrieländern – anders als früher – heute sehr anfällig für Erkrankungen der Atemwege geworden sind. Natürlich treten daneben auch zunehmend Immunschwächen und Allergien auf, die den Menschen krank machen. Aber die ungewöhnlich hohe Zahl der Atemwegerkrankungen kann auch als ein spirituelles Problem gesehen werden: Die Menschen haben intuitiv kein Vertrauen mehr zu dem, was sie einatmen. Sie misstrauen dem Leben.

Die meisten Atemerkrankungen, zum Beispiel Asthma, sind Rhythmusstörungen. Das heißt, die Menschen können nicht mehr im richtigen Rhythmus atmen, weil sie es nicht erlernt haben. Sie übertragen ihren Drang, vom Leben immer mehr zu fordern, unbewusst auch auf ihr Atmen. Sie befürchten, dass sie nicht genug kriegen, und ziehen aus Angst alles in sich hinein, was sie aufnehmen können – und geben es nicht mehr her. Doch Angst erzeugt Enge und raubt den Atem wie bei Asthma. Dass wir in jedem Augenblick ein- und ausatmen können, ist ein Geschenk. Je bewusster wir atmen, desto reicher fühlen wir uns beschenkt.

Richtig atmen

Grundsätzlich unterscheidet man drei Atemtechniken: die Bauchatmung, die Brustatmung und die Schulteratmung.
Bei der Bauchatmung wölbt sich beim Einatmen der Bauch nach außen. Wenn man eine Hand auf den Bauch legt, kann man diesen Atem spüren. Bei der Brustatmung dagegen hebt und senkt sich der Brustkorb und bei der Schulteratmung heben und senken sich die Schultern beim tiefen Ein- und Ausatmen.

Jeder Mensch atmet mit diesen drei Techniken, je nach der Situation, in der er sich gerade befindet: Wenn er sich ausruht, atmet er mit dem Bauch, beim Sport zum Beispiel wird die Brustatmung eingesetzt und beim tiefen Luftholen die Schulteratmung.

Erstaunlicherweise gibt es in allen Religionen und Kulturen die gleiche Erfahrung, wie man richtig atmen soll: Beim Einatmen zählt man bis sieben, dann macht man eine kurze Pause und zählt beim Ausatmen wieder bis sieben. Dabei ist nicht entscheidend, ob jemand schneller oder langsamer bis sieben zählt. Entscheidend ist vielmehr der persönliche Rhythmus, der natürlich sein und guttun soll.

Den einmal gefundenen Siebener-Atemrhythmus sollten wir so lange einüben, dass er wie von selbst abläuft. Und wenn wir aufgrund irgendwelcher Ereignisse einmal aus diesem Rhythmus geworfen werden – zum Beispiel wenn uns in einer Angstsituation plötzlich der Atem stockt oder sich stark beschleunigt –, dann können wir danach wieder ganz bewusst im Siebener-Rhythmus atmen. Der Atem wird rasch wieder ruhig werden – und die Angst schwindet.

Der Herzrhythmus – Zentrum des Lebens

Was für die Wirtsstube gilt, gilt für das ganze Leben: Man darf nicht alles hören, was um einen herum gesagt wird. Natürlich hört man es, aber du darfst es nicht ins Herz lassen und auch nicht ins Hirn, sonst bist du dauernd damit beschäftigt. Wenn man das alles zu sehr ins Herz lässt, kriegt man einen Herzinfarkt.

Lindenwirtin Josefine Wagner

Neben dem Atem ist der Herzschlag der zentrale Rhythmus. Das Herz ist ein Muskel, der ein Leben lang ununterbrochen arbeitet. Er zieht sich zusammen und öffnet sich, immer und immer wieder – 70, 80, manchmal sogar 100 Jahre lang. Zigmillionen Schläge ohne Unterbrechung. Wann schläft eigentlich das Herz, um sich zu erholen?

Normalerweise schlägt das Herz so ruhig, dass wir es gar nicht merken. Wir spüren es erst, wenn es plötzlich »klopft« oder wenn der Rhythmus gestört ist. Allerdings ist ein Rhythmuswechsel noch kein Hinweis darauf, dass etwas mit dem Herzen nicht stimmt. Wenn sich unser Herzschlag beschleunigt, dann bedeutet das nicht automatisch, dass der Körper mit mehr Blut versorgt werden muss und die »Pumpe« deshalb schneller arbeitet. Es kann auch daran liegen, dass ein geliebter Mensch auftaucht oder ein Verbrecher mit erhobenem Messer vor uns steht. Obwohl sich der Herzrhythmus in beiden Fällen ähnlich beschleunigt, sind die Ursachen unterschiedlich.

Das Herz ist das Organ, mit dem wir auch unsere Gefühle verbinden: Ein Mensch ist herzlich, herzlos, herzerfrischend, unbarmherzig – der Herzmuskel dient also nicht nur als Saugpumpe, die das Blut durch den Körper treibt. Natürlich ist es sinnvoll, sein Herz jeden Tag einmal in Schwung zu bringen –

bei einem Spaziergang, beim Joggen, Schwimmen oder auf dem Fahrrad. Das tut dem Herzen gut, aber wir dürfen es nicht dauerhaft überbelasten. Leider gönnen viele Menschen ihrem Herz zu wenig Ruhephasen. Doch der Herzrhythmus wird gestört, wenn ein Mensch ständig ein zu hohes Tempo vorlegt, sei es bei der Arbeit oder in der Freizeit.

Der Mensch verträgt nicht ununterbrochen neue Bilder, er braucht auch Stille und Entspannung. Das gilt besonders für diejenigen, die im Übermaß Alkohol oder Zigaretten konsumieren. Gegen eine Halbe Bier oder einen Schoppen Wein ist nichts einzuwenden, doch zu viel Alkohol macht das Herz, den Körper und die Seele kaputt.

Auch im Sterben geborgen sein

Ein Benediktinermönch fuhr mit dem Zug von Salzburg nach Frankfurt, um dort an einem Seminar teilzunehmen. Unterwegs musste der Intercity wegen eines Schadens an einer Weiche sieben Minuten Verspätung in Kauf nehmen. Als der Mönch in Frankfurt den Zug verließ, suchte er sich einen Weg durch die große Bahnhofshalle. Viele Menschen hasteten an ihm vorüber. Als er angesichts der Verspätung eilig durch die Halle ging, ließ ihn ein lauter Ruf mit einem Mal langsamer werden. Er blickte um sich und wurde auf eine kleine Gruppe aufmerksam: zwei Penner oder Obdachlose, die sich über einen Dritten beugten. Einer von ihnen rief immer wieder ganz laut: »Der stirbt, der stirbt.« Der Mann, um den es sich handelte, war unmittelbar vorher zusammengebrochen und lag auf dem Boden.

Der Mönch ging auf die drei Männer zu. Mit seiner Erfahrung

in der Notfallversorgung sah er, dass es hier wirklich um einen Sterbenden ging. Deshalb forderte er einen der beiden Männer auf: »Schnell, holen Sie einen Arzt und einen Krankenwagen!«, und kniete sich neben dem sterbenden Mann nieder.

»Ich bin ein katholischer Priester«, sagte er zu ihm. Der Mann schaute den Mönch mit offenen, Hilfe suchenden Augen an. Dann rannen Tränen über seine Wangen und er flüsterte: »Jeden Tag meines Lebens habe ich mir gewünscht, dass einmal, wenn ich sterbe, einer da ist, der mit mir betet.« Auch dem Benediktinermönch liefen die Tränen herunter. In seiner rechten Hand hielt er den Kopf des Sterbenden und in der linken dessen schweißnasse Hände. Dann begann er mit ihm zu beten: »Vater unser im Himmel ... dein Reich komme ... dein Wille geschehe.« Der Mönch sah die flüsternden Lippen des Mannes und seine Tränen der Dankbarkeit – und während er leise das Gebet sprach, verstarb er.

Er war ein Obdachloser, einer, der sein ganzes Leben lang auf Wanderschaft gewesen war. Sein sehnlichster Wunsch, dass in seiner Todesstunde einer da ist, der mit ihm betet, hatte sich auf ungewöhnliche Weise erfüllt: Der Mönch kam sieben Minuten zu spät in Frankfurt an – aber es war genau die richtige Zeit. Zufall? Wahrscheinlich nicht, sondern ein Geschenk Gottes, ein heiliges Zeichen seiner Güte und Barmherzigkeit. Niemand hatte damals wohl gewusst, dass der sterbende Mann in einer Gottesbeziehung lebte. Vielleicht war seine Sehnsucht nur ein Wunsch, ein Gedanke. Aber sie war da und dieses Urvertrauen hat den Mann ein Leben lang getragen. Sein Leben hat sich in der letzten Stunde erfüllt.

Ruhe und Bewegung –
scheinbare Gegensätze gehören zusammen

Das Leben der Menschen ist wie das Leben einer Henne: Du brauchst Zeiten, in denen du herumrennst und scharrst und pickst – und du brauchst Zeiten, in denen du Eier legen kannst. Wenn du nur herumrennst, hat es keinen Sinn, weil dir die Zeit zum Eierlegen fehlt, und wenn du nur im Nest hockst, hast du nix zum Fressen und kannst auch keine Eier legen. Deshalb sollst du es machen wie die Hühner. Am besten wäre es sogar, dass du in der Früh, wenn's hell wird, mit den Hendln aufstehst, und dass du dich ins Bett legst, wenn es finster wird. Das wär das Allergescheiteste, aber der Mensch kann das nicht.

Lindenwirtin Josefine Wagner

Der sinnvolle Rhythmus von Ruhe und Bewegung darf nicht verwechselt werden mit einem Trainingsprogramm für Senioren. Natürlich sollen sich die Menschen auch im Alter körperlich bewegen und dafür gibt es viele gute Empfehlungen. Aber noch wichtiger ist es, nicht nur die körperliche Bewegung zu beachten, sondern auch die geistige und eine vernünftige Balance zwischen diesen beiden Zuständen zu finden. Obwohl sie uns als Gegensätze erscheinen, gehören Ruhe und Bewegung zusammen. Je öfter sich ein Mensch in einem bestimmten Rhythmus bewegt – beim Spazierengehen, beim Joggen, beim Radfahren –, desto mehr kommt er auch in sich zur Ruhe. Dabei ist es sehr hilfreich, möglichst immer die gleiche Strecke zu nehmen, damit nicht ständig neue Bilder entstehen, die ablenken. Es ist scheinbar paradox: Durch die äußere Bewegung kommt man innerlich zur Ruhe. Diese Ruhe ist weder Stillstand noch Erstarrung, sondern ein höchst sensibler und aktiver Zustand. Umgekehrt ist es ganz ähnlich: In der Meditation oder beim Gebet sitzt der Mensch fast unbeweglich da – doch diese äußerliche Ruhe bringt ihn in eine intensive geistige Bewegung.

Viele verstehen unter Bewegung vor allem Hektik oder Aktionismus und glauben, sie geschehe nur beim Dauerlauf, beim Einkaufen, wenn man in der Küche umherrennt oder den Rasen mäht. Diese Vorstellung ist genauso falsch wie die, dass man Ruhe erlebt, wenn man vor dem Fernseher auf der Couch liegt und einen Science-Fiction-Film anschaut – da bewegt sich zwar der Körper nicht, aber die Seele ist mit hoher Geschwindigkeit unterwegs.

Das Leben zwingt den Menschen, ständig etwas zu tun. Doch Bewegungszwang und Druck sind hinderlich für echte innere und äußere Bewegung oder für Ruhe. Die Seele reist langsam, heißt es. Ein Mensch, der ständig auf Achse ist, ruht nicht in sich.

Bewegung bedeutet auch, dass jemand auf dem Weg zu einem Ziel ist – und sich dabei verändert. Die Bewegung macht erst dann Sinn, wenn der Mensch das Ziel, auf das er zugehen will, kennt oder erahnt. Natürlich kann auch die Bewegung selbst ein Ziel sein. Dass der Weg das Ziel ist, stimmt zwar nicht immer, aber in diesen Worten steckt viel Wahrheit. Ein Jogger, der sich auf seinen täglichen Rundlauf im Wald begab, wurde von einem Kind gefragt: »Wohin läufst du?« Er tat sich schwer, darauf verständlich zu antworten, bei ihm war tatsächlich der Weg das Ziel.

Was kann ein junger oder alter Mensch tun, um Bewegung im spirituellen Sinn zu erleben? Muss er sich Ziele setzen, die er konsequent ansteuert? Ist er dabei überfordert?

Das Grundprinzip von Bewegung und Ruhe ist einfach: Du gehst deinen Lebensweg sehr bewusst, und zwar in aller Ruhe, einen Schritt nach dem anderen. So gelangst du über die Körpererfahrung allmählich zur Erfahrung der Seele und zur eigenen Spiritualität. Am besten ist diese Entwicklung bei einer Wallfahrt zu beobachten. Sie ist eine spirituelle Wanderung zu sich selbst. Die Wallfahrer erleben in ihrem Gehen, in ihrer Bewegung und in ihren Ruhepausen eine Wandlung. Wenn sie dann ihr Ziel erreicht haben, sind sie bei sich selbst angekommen – und sie haben auch das ganz Andere gefunden, vielleicht sogar Gott.

Alte Menschen sind oft in ihrer Bewegungsfähigkeit eingeschränkt, weil der Kreislauf, der Atem und die Gelenke nicht mehr mitmachen. Wenn sie aber trotzdem die Erfahrungen einer solchen Wallfahrt auf den Alltag übertragen möchten, dann bedeutet das: Sie müssen sich ihrer selbst mehr und mehr bewusst werden! Statt die Wallfahrt mitzumachen, reicht es aus, dass sie jeden Tag sehr bewusst einen einzigen Schritt tun und dies in ihre Seele aufnehmen – so kommen sie in eine innere Bewegung. Das hilft weit in den Tag hinein. Es ist wirklich sinnvoll, dass sich ein alter Mensch zwischendurch immer einmal hinstellt und ganz bewusst einen Schritt macht, der dann wieder in der Ruheposition endet. Hinter diesem kleinen Schritt steckt ein großes Geheimnis: Die körperliche Bewegung, also der Schritt nach vorn, wandelt sich in eine spirituelle Bewegung. Je bewusster man diese sehr einfache physische Bewegung spürt, desto spiritueller wird auch die Empfindung sein.

Dabei entdecken viele, wie schwer es ist, bewusst einen Schritt zu machen. Natürlich kannst du dich geistig auch bewegen, ohne dass du einen einzigen Muskel anstrengst. Dazu gehört, dass du dir deiner eigenen Standpunkte, deiner Meinungen und Einschätzungen bewusst wirst – auch was es bedeutet, wenn du jetzt innerlich einen Schritt tust, der dich weiterbringt. Denn dazu musst du die eigene Position erst einmal aufgeben, bevor du dich in die neue Richtung bewegst. Das erfordert, dass du dich mit deiner Angst, mit deiner Freude, mit deinen Hoffnungen und mit deiner Trauer auseinandersetzt, kurz gesagt: dass du deinen alten Standpunkt verlässt, um neue Einsichten zu finden.

Dabei kann es tatsächlich passieren, dass die körperliche Bewegung zu einer spirituellen Erfahrung wird – und umgekehrt werden sich geistige Bewegungen auch auf den Körper auswirken. Die Verzahnung zwischen inneren und äußeren Bewegungen ist beim Menschen sehr eng. Wer schon einmal eine lange Wanderung durch die Wälder unternommen hat, weiß, wie sich der eigene innere Zustand Schritt für Schritt verändert. Nach Stunden, nach Tagen hat der Wanderer einen Rhythmus gefunden, der ihn mehr und mehr mit der Natur verbindet. Er wird eins mit ihr. Die Bienen und Vögel, die Käfer und Mäuse, die ihm begegnen, nimmt er sehr bewusst wahr – als Geschöpfe der gemeinsamen Welt. In einem spirituellen Prozess hat sich der Rhythmus seiner Bewegung in innere Ruhe, in Ausgewogenheit und Gelassenheit gewandelt. Aber es ist nicht leicht, die negativen Aspekte der Ruhe – Trägheit, Stagnation und Resignation, Verhärtung und Verbitterung – einfach loszulassen.

Es gibt kein »Entweder-Oder«, auch nicht bei Bewegung und Ruhe, beide sind immer gleichzeitig im Fluss. Ruhe und Bewegung sind ein Paar. Wenn sie isoliert auftreten, kommt es zu Kampf und Krampf. Dann ist der Mensch entweder nur noch unterwegs als ewig Getriebener, der keine Bodenhaftung mehr hat und nie zur Ruhe kommt, oder er verharrt im Stillstand, friert in seinem Standpunkt ein und wird bewegungsunfähig.

Ruhe und Bewegung sind ein Urprinzip der Schöpfung. Menschen erfahren in der Meditation und im Gebet stärkste Bewegung bei tiefer Ruhe. Auch die moderne Physik hat nachgewiesen, dass bei den kleinsten Teilchen Ruhe und Bewegung identisch sind – eine Erkenntnis, die das Vorstellungsvermögen des Menschen übersteigt.

Die Seele reist langsam

Ein frommer Muslim, so wird erzählt, machte mit dem Flugzeug eine Pilgerreise nach Mekka. Dort ging er nicht gleich in die Moschee zum Gebet, sondern hielt sich einige Tage vor der Moschee auf. Freunde fragten ihn, warum er nicht hineingehe. Er antwortete: »Ich warte. Die Seele reist langsam.«
Wir sind es gewohnt, schnell unterwegs zu sein. Das Flugzeug, das Auto und die Bahn bringen unseren Körper rasch von einem Ort zum anderen. Aber die Seele braucht Zeit, um nachzukommen – leider wird dies oft ignoriert. Wir sind meist sehr zerrissen. Unsere Gedanken und Gefühle haben sich weit vom Körper entfernt. Wenn die Seele nicht beim Leib ist, sondern anderswo weilt, dann ist es schwer, dass die beiden sich finden. Wir meinen, wir müssen immer schnell unterwegs sein. Aber die Seele reist langsam.
Das gilt auch für unseren Leib: Das Tempo, mit dem wir durchs Leben rasen, ist viel zu schnell. Dann geraten wir in den Zustand des »Jetlag« und können nur schwer mit Leib und Seele in Einklang sein. Deshalb ist es gut, immer wieder einen kurzen Augenblick der Stille einzulegen, damit wir uns wieder selbst wahrnehmen können. Wenn Leib und Seele getrennt sind, dann liefern wir uns den ständig wechselnden Gedanken, Worten und Bildern aus, die uns mit hoher Geschwindigkeit umschwirren. Doch die Hingabe des Herzens, die wir erfahren und erahnen wollen, kann nur geschehen, wenn wir in uns selbst still werden. Die Stille hilft, dass sich Herz und Mund, Gedanken, Leib und Seele in einem Rhythmus vereinen, der dem Menschen guttut.

Spannung und Entspannung auch im Alter

Bei uns war eigentlich jeder Tag gleich – und trotzdem war es nicht langweilig.

Lindenwirtin Josefine Wagner

Mit Spannung und Entspannung verhält es sich ähnlich wie mit Ruhe und Bewegung: Der Mensch braucht beides. Ohne jede Spannung wäre das Leben langweilig – nur im Tod hat sich alle Spannung gelöst.

Ein durchgängiger Ton ohne Auf und Ab, ohne Takt und ohne Rhythmus ist keine Musik. Anspannung – auch wenn sie im Alter nachlässt – ist notwendig, weil sie Menschen und Dinge zum Klingen bringt. Wer sich nach dem Berufsleben nur noch zurücklehnt und träge betrachtet, was um ihn herum passiert, wird daran nicht lange Freude haben. Viele ordnen die Spannung der aktiven Zeit, dem Arbeitsleben, zu und meinen, dass mit dem Renteneintritt die Phase der Entspannung beginnt. Ein Irrtum. Spannung und Entspannung gehören zum gesamten Leben.

Im Alter kommt die Spannung durch körperliche Bewegung, aber auch durch Pläne, die man hat, oder wenn man bestimmte Aufgaben übernimmt, in der Familie, in Vereinen, im Garten. Es gibt unzählige Möglichkeiten, sich auch im Alter sinnvoll zu engagieren. Natürlich darf man dabei den Spannungsbogen nicht überdehnen – das tut weder dem Körper noch der Seele gut. Viele ältere Menschen neigen allerdings zu der Meinung, man solle sie gefälligst in Ruhe lassen, weil sie sich im Leben ja schon genug geplagt haben. Doch so eine Einstellung ist in den meisten Fällen falsch, weil sie vor allem die geistig-seelische Spannkraft lähmt. Es ist gescheiter, sich auch als alter Mensch mit geistigen Dingen zu beschäftigen, um seine Spannkraft nicht zu verlieren.

Selbst früheren oder aktuellen Konflikten muss man nicht aus dem Weg gehen: Da ist der Streit mit den Geschwistern vor 30 Jahren, über den man nachdenkt, da sind die gegenwärtigen Probleme mit Kindern, Enkelkindern oder Freunden. Vielleicht schenkt gerade das fortgeschrittene Alter jene Gelassenheit, die zur Lösung eines Konflikts erforderlich ist.

Permanente Spannung wirkt jedoch ebenso zerstörerisch wie dauernde Entspannung. Deshalb ist es wichtig, ein Gespür dafür zu entwickeln, ob die beiden Zustände in einem guten Rhythmus zueinander stehen. Man darf den Bogen nicht überspannen, sonst zerbricht er. Wer als alter Mensch dauernd »unter Strom« steht und sich nicht mehr entspannen kann, schadet seinem Körper und seiner Seele. Solche Dauerbelastungen haben sogar gesundheitliche Folgen.

Andererseits ist auch dauernde Entspannung kein Idealzustand. Es droht eine Trägheit, die genauso gefährlich ist wie die übermäßige Anspannung. Ein »pflegeleichtes« Leben wird früher oder später eintönig. Um der Langeweile zu entrinnen, suchen viele ihre Anspannung oft in merkwürdigen Aktivitäten. Das kann so weit führen, dass sie sich ständig Horrorfilme im Fernsehen oder im Kino ansehen.

Im Zustand der Entspannung drückt sich auch innerer Friede aus, und der Mensch findet Ausgleich und Versöhnung mit sich selbst, aber auch mit anderen Menschen. Zwar lässt sich mit der Gelassenheit des Alters nicht jeder frühere Konflikt völlig lösen, doch es gibt wahrscheinlich immer die Möglichkeit, ihm die Spitze zu brechen. Unklug wäre es, das Problem einfach auf die Seite zu schieben und sich nicht mehr darum zu kümmern, denn es belastet einen im Unterbewusstsein weiter. Auf Friedhöfen sieht man oft alte Menschen, die an den Gräbern verstorbener Angehöriger oder Bekannter stehen und sich in der Rückschau gute oder auch schlechte Erinnerungen ins Gedächtnis rufen.

Diese stille Betrachtung der Vergangenheit kann wie eine innere Entspannung wirken, die scheinbar versteinerte Konflikte in friedlicher Versöhnung auflöst.

Auch ältere Menschen sollten sich ihre Wachheit bewahren, denn sie ist der Impulsgeber für die sehr bewusste Auseinandersetzung mit dem Leben. Oft bauen Ängste und alte Schuldgefühle im Menschen Spannungen auf, die seinen Schlaf stören oder zu Depressionen führen. Leider bekämpfen viele diese Rhythmusstörung mit allen möglichen Medikamenten, anstatt zu versuchen, sich durch die bewusste Auseinandersetzung mit den Konflikten selbst zu helfen. Es macht allerdings wenig Sinn, Konflikte, die man nicht mehr lösen kann, für alle Zeit weiter mit sich herumzutragen. In solchen Fällen ist es gescheiter, seine Schuldgefühle bewusst zu beenden, indem man sich selbst verzeiht und vergibt, sonst besteht die Gefahr, dass man zum missmutigen Eigenbrötler wird.

Eine einfache, aber wunderbare Möglichkeit, um im Alter den Wechsel von Spannung und Entspannung zu pflegen, ist das Spielen. Ob Rommé oder Schafkopf, »Mensch ärgere dich nicht« oder Monopoly, Memory oder Schach – das Erleben von Spannung und Entspannung tut der Seele gut. Weniger geeignet sind allerdings virtuelle Spiele am Computer, weil es natürlich viel mehr Spaß macht, wenn der Mitspieler ein leibhaftiger Mensch und keine seelenlose Maschine ist. Wer im Alter allein lebt, sollte sich auf jeden Fall umschauen, wo es im Bekanntenkreis, in der Nachbarschaft, in Vereinen oder Seniorengemeinschaften eine Spielgruppe gibt, der man sich anschließen kann. In sinnvollem Maß zu spielen, tut nicht nur den Alten gut, sondern Menschen in allen Lebensphasen.

Den Bogen nicht überspannen

Eine Legende erzählt von einer Begegnung des Apostels Johannes während seiner Verbannung auf der Insel Patmos, wo Johannes als Einsiedler lebte.
Eines Tages ging ein Jäger an seiner Höhle vorbei und sah, wie der Heilige mit einem zarten Rebhuhn spielte. Der Jäger, der den Heiligen als einen Geistesmann und scharfen Denker kannte, sagte zu ihm, dass so ein Spiel mit dem Rebhuhn überflüssig sei. Der Heilige könne doch, statt seine Zeit mit dem unnützen Spiel zu vertrödeln, etwas wirklich Sinnvolles machen. Johannes soll dem Jäger geantwortet haben: »Schau einmal auf deinen Bogen. Was geschieht, wenn du ihn dauernd unter Spannung hältst?«
Der Jäger antwortete: »Dann wird er seine Spannkraft verlieren und vielleicht sogar zerbrechen.«
Darauf sagte Johannes: »Genauso ist es auch mit mir. Ich brauche immer wieder eine Zeit der Entspannung, damit ich richtig leben und studieren kann.«
Von dieser Klugheit des Apostels Johannes können wir auch in der Gegenwart lernen: Wir dürfen unseren Bogen nicht überspannen, sonst bricht er.

Essen und Trinken halten wirklich
Leib und Seele zusammen

Um gut alt zu werden, braucht der Mensch zuerst einmal was
zu essen und zu trinken, damit er gesund bleibt. Aber nicht zu
üppig – und nicht zu viel Alkohol. Und dann braucht er Frie-
den, innen und außen.

Lindenwirtin Josefine Wagner

Gesundes Altern ist ohne die richtige Ernährung nicht möglich.
Zwar sollten wir schon in jungen Jahren darauf achten, dass wir
vernünftig essen und trinken, weil wir damit eine wichtige
Grundlage für das Wohlbefinden von Leib und Seele schaffen.
Doch auch wer in dieser Hinsicht früher »gesündigt« hat, muss
später den Kopf nicht hängen lassen: Er hat auf seine alten Tage
hin immer noch die Gelegenheit, Versäumtes nachzuholen, und
kann sich bewusst um seinen Essensrhythmus kümmern. Von
Fachleuten wissen wir, dass eine gezielte Ernährung auch noch
im Alter gegen viele Krankheiten vorbeugend wirkt oder bereits
vorhandene Leiden lindert.

Die Erfahrung zeigt, dass zu viel tierisches Fett und zu wenig
Obst und Gemüse keine gute Nahrungsgrundlage sind. Unbe-
stritten ist auch, dass ungesättigte Pflanzenöle aus Oliven, Raps
oder Sonnenblumen gesünder sind als Butter, Schmalz oder
Speck. Das bedeutet aber nicht, dass man gleich zum Vegetarier
werden soll: Gegen einen maßvollen Fleischkonsum ist nichts
einzuwenden – sogar die 1500 Jahre alte Ordensregel der Benediktiner empfiehlt eine gesunde, maßvolle Mischkost.

Überraschend ist dagegen die Erkenntnis, dass in unserer
modernen Gesellschaft viele alte Menschen an Unterernährung
leiden. Laut Statistik weist unter den alleinlebenden Senioren jeder dritte Anzeichen einer Mangelernährung auf – und bei den

Pflegebedürftigen in Heimen und Krankenhäusern sind es sogar skandalöse 70 Prozent. Umso wichtiger ist es für die Angehörigen, dass sie auf die Ernährung ihrer Eltern und Großeltern, die in Pflegeheimen oder vorübergehend in einer Klinik untergebracht sind, besonders achten.

Das Ernährungsdefizit betrifft leider nicht nur die Senioren, sondern auch viele Kinder und jüngere Leute. Das Hauptproblem bei ihnen ist allerdings nicht, dass sie zu wenig essen, sondern zu üppig. Die Folge sind viele Wohlstandskrankheiten, vor allem Herz-Kreislauf-Leiden und Diabetes.

Der Essensrhythmus und seine drei Phasen

Der Essensrhythmus besteht aus drei Phasen: Nahrung aufnehmen, verdauen, ausscheiden. Essen muss uns in allen drei Phasen guttun. Es soll schmecken, soll aber auch für Magen und Darm bekömmlich sein und zuletzt muss man den Rest gut ausscheiden können. Aus Erfahrung weiß man, dass es keinen Sinn macht, einen bestimmten Speiseplan und Essensrhythmus zu empfehlen, der für alle Menschen gut ist. Vielmehr kann jeder Einzelne für sich selbst einen Rhythmus finden, der ihm guttut: Der eine braucht mehr Fleisch, der andere mehr Obst und Gemüse oder mehr Kohlenhydrate – jeder soll sich seinen Speiseplan und seinen Essensrhythmus so gestalten, wie es ihm bekommt. Wichtig dabei ist, auf das rechte Maß zu achten. Das ist gut für die Seele und die Gesundheit.

Der Mensch braucht morgens eine Mahlzeit, dann eine zur Mittagsstunde und eine dritte abends, aber nicht zu spät. Dieser Essensrhythmus ist keine modische Erfindung, sondern entspricht den körperlichen und seelischen Bedürfnissen. Es geht um eine alte Erfahrung, die den Menschen innewohnt und die ihnen guttut. Wenn wir diese Zeiten einhalten, bedeutet das auch, dass wir – entgegen mancher Empfehlungen – auf ständig wechselnde Zwischenmahlzeiten verzichten. Sonst kommt überhaupt kein echter Rhythmus zustande.

Den Tag sollten wir mit einer kräftigen Mahlzeit beginnen. Der Mensch braucht Energie, die er in den Tag mit hineinnimmt. Eine Volksweisheit sagt: »Frühstücken wie ein König, mittags essen wie ein Graf und abends wie ein Bettler.« Richtig ist: Es bekommt dem Menschen nicht, wenn er seinen Körper nachts mit zu viel Unverdautem belastet. Aber noch wichtiger als die Mengen, die man zu sich nimmt, ist der Essensrhythmus. Er muss sehr bewusst in den Tagesablauf integriert werden.

Wer noch in der Lage ist, selbst zu kochen, sollte allerdings auf die – für viele natürlich überaus sinnvolle – Einrichtung »Essen auf Rädern« verzichten und lieber einen Einkaufsbummel machen, um die Zutaten für seine nächste Mahlzeit bewusst auszusuchen. Noch klüger wäre es, so etwas gemeinsam mit einem anderen Menschen, den man mag, zu unternehmen. Vielleicht wartet ein Nachbar sogar schon auf deinen Anruf und freut sich, dass er endlich eine Koch- und Essgemeinschaft gefunden hat.

Alte Menschen wollen meist nicht mehr viel essen, aber das, was sie zu sich nehmen, sollte abwechslungsreich, schmackhaft und gesund sein. Fertiggerichte zu kaufen und sie einfach in die Mikrowelle zu schieben, ist langweilig. Selbst das Gemüse, das Fleisch oder den Fisch, die einzelnen Zutaten und Gewürze zu besorgen und zu Hause zu kochen – das ist ein kreativer Vorgang, der seinen Höhepunkt findet, wenn wir anschließend das Essen entspannt genießen.

Wohl bekomm's!

Essen und Trinken sollen nicht nur gut schmecken, sondern auch bekömmlich sein. Manches, was gut schmeckt, liegt hinterher wie ein Stein im Magen und im Darm und kann nur schwer verdaut und ausgeschieden werden. Deshalb ist es wichtig, darauf zu achten, was auf den Teller und ins Glas kommt, denn der Körper ist nicht wählerisch, er verarbeitet alles. Wenn er verdaut, zerlegt er die Speisen und Getränke wie in einem Labor und holt sich das heraus, was er gerade braucht. Leider nimmt er aber auch manches auf, was ihm schadet – oder er holt sich zu viel davon.

Was dem Körper in der ersten Phase, also auf dem gedeckten Tisch, gefällt, weil es gut schmeckt, wird oft in der zweiten Phase, beim Verdauen, und im dritten Teil, beim Ausscheiden, zum Problem. Daran denken viele nicht. Für sie sind Essen und Trinken beendet, wenn Teller und Gläser leer sind. Dabei ist das nur der erste Teil des Essensrhythmus. Danach beginnt der Verdauungsprozess. Natürlich soll der Speiseplan nicht bloß mit Blick auf die Verdaulichkeit zusammengestellt werden und umgekehrt wäre es genauso falsch, ohne Rücksicht auf die Verdauung zu essen und zu trinken. Entscheidend ist immer, dass wir auf das rechte Maß und eine vernünftige Ausgewogenheit achten.

Körper und Seele reinigen

Dem Trinken kommt vor allem im Alter eine besondere Bedeutung zu, weil es sowohl die Verdauung als auch die Ausscheidung unnötiger oder schädlicher Stoffe fördert. Viele Menschen trinken jeden Morgen auf nüchternen Magen erst einmal ein Glas Wasser, um die Verdauung in Gang zu bringen. Fachleute empfehlen, viel zu trinken. Das ist richtig – trotzdem tun das nur wenige Menschen, weil sie es als lästig empfinden, zu oft zur Toilette gehen zu müssen. Doch viel trinken hilft nicht nur der Verdauung, sondern spült auch Giftstoffe aus dem Körper, die sich sonst festsetzen und Schaden anrichten.

Trinken stillt den Durst, doch es ist zugleich auch ein Mittel zur inneren Reinigung – ein spiritueller Aspekt, der von den meisten Menschen kaum beachtet wird.

Schließlich hat der Prozess des Ausscheidens auch etwas mit der Seele zu tun. Menschen, die im Leben alles hinunterschlucken, nicht verdauen und ihre Probleme bei sich behalten, werden auch Schwierigkeiten mit ihrem Stuhlgang haben. Sie sind häufig nicht in der Lage, loszulassen, sich von etwas zu trennen.

Verzicht auf Nahrungsergänzungsmittel

Wer sich im Alter vernünftig ernährt, kann auf Nahrungsergänzungsmittel guten Gewissens verzichten. Nur in seltenen Fällen, wenn wirklich eine Mangelerscheinung vorliegt, macht es Sinn, solche Zusatzprodukte zu kaufen. Ansonsten aber droht der Gesundheit keine Gefahr, wenn man die Pillen, Tinkturen und Drinks weglässt. Viel klüger ist es, sein Geld für qualitativ gute Lebensmittel statt für Zusatzprodukte auszugeben, deren Notwendigkeit uns lediglich die Werbung einreden will. Man darf ruhig misstrauisch sein, wenn uns die Marketing-Strategen mit blumigen Argumenten jugendliche Frische und das ewige Leben verheißen. Ungespritzte Kartoffeln, knackige Äpfel, herzhaftes Brot, ein guter Wein – hochwertige Erzeugnisse aus der nahen Region sind besser als alles Functional Food. Man kann gar nicht früh genug damit beginnen, sich mit hochwertigen Nahrungsmitteln an Leib und Seele etwas Gutes zu tun. Spätestens das zunehmende Alter aber sollte ein Anlass sein, um die Ernährung umzustellen, damit der Körper nicht unnötig mit minderwertigen Lebensmitteln belastet wird.

Essen ist nicht nur eine Kalorienzufuhr oder eine Versorgung mit Vitaminen, sondern ein durchaus lustvoller Vorgang. Im Genießen drückt sich Lebensfreude aus. Das gilt besonders dann, wenn man in Gemeinschaft mit anderen Menschen am Tisch sitzt.

Schwer verdaulich: die emotionale »Kost«

Vor allem im Alter nehmen viele Menschen nicht nur Essen zu sich, sondern »fressen« auch emotionale »Kost« in sich hinein: Ärger, Neid, Zorn, Missgunst, Geiz, Eifersucht, Hass und Wut. Wenn diese Emotionen nicht aufgearbeitet und verdaut werden, bleiben sie in der Seele liegen und werden im Laufe der Zeit zu Krankheiten. Die Sprache drückt es treffend aus: Ärger schlägt auf den Magen oder geht an die Nieren, jemand hat Wut im Bauch. Psychosomatiker warnen, dass seelische Zustände, die nicht aufgearbeitet werden, Magen- und Darmgeschwüre, manchmal sogar Krebs verursachen können. Schlechte Gefühle, die in den Körper eindringen, zerstören Leib und Seele. Zwar kann niemand vermeiden, dass ihn negative Gefühle befallen – die Frage ist nur, wie man damit umgeht. Manche lassen belastende Gedanken gar nicht erst an sich heran, andere verarbeiten sie sofort, indem sie sich damit auseinandersetzen. In beiden Fällen werden die Emotionen nicht unverdaut mit herumgeschleppt. Wer das schafft, kann sich freuen: Ihn bedrückt nichts, Unverdautes bläht ihn nicht auf. Oft sind es auch unerledigte Aufgaben, die uns im Magen liegen. Da ist zum Beispiel der 75-jährige Rentner, der noch immer kein Testament gemacht hat, mit dem er sein Verhältnis zur nachfolgenden Generation regelt. Mit dem Testament kann er sich von dem Druck befreien, der ihn in seinem Unterbewusstsein belastet.

Die Frage ist nun, wie jemand, der negative Emotionen in sich trägt, diese wieder loswerden kann, damit keine Krankheiten daraus werden. Auch hier gilt: Am besten ist es, wenn dieser Mensch wieder einen regelmäßigen Rhythmus beim Essen und Verdauen findet. Viele schütteln den Kopf und wollen nicht glauben, dass die Rückkehr zur äußeren Regelmäßigkeit wirklich hilft. Aber einen sinnvollen Essensrhythmus, zu dem auch das Fasten gehören kann, haben schon weise Menschen wie Hildegard von Bingen und der heilige Benedikt als wirksames Heilmittel empfohlen. Die Gesundung an Leib und Seele beginnt demnach auf der körperlichen Ebene, indem als Erstes ein guter Rhythmus für das Essen und Trinken gefunden wird.

Wer Lust und Freude am Essen hat, hat meist auch Freude am Leben. Und wem das Essen nicht schmeckt, dem schmeckt auch das Leben nicht. Essen und Trinken sind ein Spiegelbild der Seele.

Auch Fasten tut gut

Zum richtigen Essensrhythmus gehört auch das Fasten. Im Alter betrachten immer mehr ältere Männer und Frauen das Fasten weniger als einen Weg zur Gewichtsreduzierung, sondern als Tor zu einer Chance im Leben. Im Fasten macht nämlich der Mensch Erfahrungen, die für seinen Leib und seine Seele wertvoll sind. Dabei werden die meisten gängigen Lebenskonzepte auf den Kopf gestellt und der Mensch begreift, dass weniger oft mehr ist und dass in jeder Reduzierung eine Chance zum Wachsen liegt.

Beim Fasten macht der Mensch eine Verlusterfahrung. Er nimmt weniger zu sich, leistet also Verzicht – und erlebt am Ende der Fastenzeit seelisches, spirituelles Wachstum. Fasten ist dabei nicht beschränkt auf die reine Essensreduzierung, sondern kann Verzicht in vielerlei Formen bedeuten: auf bestimmte Annehmlichkeiten wie Fernsehen oder Radiohören, auf Rauchen, auf Reden, auf die Erfüllung eines bestimmten Kaufwunsches. Manche verzichten sogar auf ihre Bewegungsfreiheit und ziehen sich für ein paar Tage in die Einsamkeit einer Klosterzelle zurück. Immer häufiger setzt sich auch eine Form des Fastens durch, in der man zwischen Aschermittwoch und Ostern auf Fleisch und Alkohol, vielleicht auch auf Süßigkeiten verzichtet, ansonsten aber ganz normal isst und trinkt. Es gibt viele Möglichkeiten des Verzichts.

Im Fasten kann der Mensch Verlusterfahrungen einüben, denen er im alltäglichen Leben gerne aus dem Weg geht – sei es die gescheiterte Beziehung, die man verdrängt, das Geld, das man an der Börse verloren hat, oder die schwindende Gesundheit. Verlust wird heute meist als Schwäche empfunden. In Wahrheit gehört er zum Leben – mehr noch: Ohne Verlusterfahrungen kann sich der Mensch gar nicht entwickeln. Viele registrieren in unserer Gesellschaft zwar die Wachstumsprozesse sehr aufmerksam – mehr Geld, größeres Ansehen, Orden und Ehrungen –, aber die Verluste werden gerne übersehen. Doch jeder Mensch verliert irgendwann seine Kindheit, seine Jugend und sein Erwachsensein, wenn er alt wird. Zähne und Haare fallen aus, seine Kraft lässt nach, Mitte 60 ist das Berufsleben zu Ende. Im Laufe der Jahre erlebt er den Tod der Eltern, Freunde sterben, vielleicht auch die eigenen Kinder, der Partner verlässt ihn, Beziehungen enden, der Mensch ändert seine Einsichten. Das ganze Leben besteht ununterbrochen aus Verlusten – immer wieder müssen wir uns damit abfinden, dass wir uns von lieb gewordenen Dingen trennen müssen Und die letzte große Verlusterfahrung trifft uns, wenn wir unser irdisches Leben verlieren.

In unserer Gesellschaft redet kaum jemand von Verlust, offenbar wird er als ein Makel betrachtet. Aber das ist falsch. Ohne Verlusterfahrungen kann man auf Dauer nicht vernünftig leben. Es scheint paradox zu sein: Indem der Mensch Verlusterfahrungen von seinem Leben fernhält, fördert er sein Leben nicht, sondern zerstört es. Deshalb setzen sich immer mehr Menschen im Fasten ganz bewusst einem Verlust aus – und fühlen sich hinterher gut, weil sie ihr Leben weiterentwickelt haben. Die Einübung von Verlusterfahrungen gibt dem Menschen neue Lebenskraft, beim Fasten verwandelt sich der Verzicht in Gewinn.

Fasten ist ein Reinigungsprozess an Leib und Seele. Wir scheiden mehr aus, als wir aufnehmen – durch den Darm, durch die Blase, durch die Haut und über den Atem. Manchmal braucht man dabei »Hilfsmittel«, weil viele Menschen unter Verstopfung leiden. Sie wollen alles behalten und schleppen ihren »Müll« mit sich herum, sei es im Darm oder an allen möglichen anderen Stellen im Körper, aber auch in der Seele, weil sie Ärger und Wut, Enttäuschung und Verletzungen oft jahrelang in sich »hineingefressen« haben. Dies alles loszulassen, ist das Ziel des Fastens. Dann kann der Mensch endlich zu innerer Ruhe, zum inneren Frieden kommen.

Mit dem Körper ist es wie mit einem Haus, das vor 30, 50 oder 70 Jahren gebaut worden ist: Im Keller, auf dem Dachboden, in Abstellräumen und Schränken hat sich Gerümpel angesammelt, das keiner mehr braucht. Obwohl es Platz wegnimmt und vergammelt, wirft man es trotzdem nicht weg. Mit dem eigenen Körper ist es ähnlich. Was hat man über die Jahre nicht alles an Essen in sich hineingestopft! Vieles war überflüssig, unverdaulich und hat sich irgendwo im Gewebe und in den Organen abgelagert. Jeder trägt solchen »Müll« mit sich herum. Deshalb wollen die Menschen beim Fasten nicht nur abnehmen, sondern sich vor allem von ihren Ablagerungen befreien. So wird das

Fasten zum »Hausputz« für den eigenen Leib und für die Seele. Nach dieser Entrümpelung kann der Mensch frei durchatmen, er genießt die neue Harmonie und bekommt wieder Lust und Freude am Leben. Durch das Fasten erweitern wir unser Bewusstsein, weil wir nicht nur den Leib »aufräumen«, sondern auch unsere Seele.

In fast allen Religionen und bei den meisten Naturvölkern findet man eine jährlich wiederkehrende Fastenzeit, weil diese offenbar den Menschen guttut und die Erkenntnis bringt, dass man durch Verzicht Freude erleben kann. Die Reduzierung des Essens steigert die Wahrnehmung und Aufmerksamkeit des Menschen und schenkt ihm eine neue Lebensperspektive. Er fühlt sich wie neugeboren. Wer fastet, macht sich bewusst auf die Suche nach Spiritualität.

Kein eintöniger Abend

Essen und Trinken spielten in Georgs Leben schon immer eine große Rolle. Nur mit dem rechten Maß nahm er es dabei nicht immer so genau.

Angefangen hatte es damit, dass Georgs Schwager zum Dienstjubiläum zwei Eintrittskarten für ein Sinfoniekonzert geschenkt bekam. Und weil der Schwager von ernster Musik wenig hielt, schenkte er dem Georg die Karten. »Da kannst du dir mit deiner Frau einen schönen Abend machen«, sagte er. Georgs Freude hielt sich ebenfalls sehr in Grenzen – auch er war kein Freund von Sinfonien, sondern fühlte sich viel wohler bei zünftiger Blasmusik, bei der man im Festzelt mit den Nachbarn schunkeln und zum Mitsingen auf die Bänke steigen konnte.

Aber Kultur ist halt Kultur, da kannte der Georg nichts! Außerdem konnte er das Geschenk seines Schwagers nicht ablehnen – der war nämlich ziemlich schnell beleidigt und hätte sonst geglaubt, dass der Georg etwas gegen ihn hat. Also nahm der Georg die Karten dankend an.

»Das ewig lange Zeug mit den Geigen macht mich schwermütig«, klagte er am Abend vor seiner Frau. »Meistens kämpfe ich mit dem Schlaf, wenn die Musiker vorne auf der Bühne alles zu sehr in die Länge ziehen.« Doch er beschloss, das Beste aus dem Abend zu machen.

Von seinen Nachbarn wusste er, dass vornehme Leute vor einem solchen Konzert immer erst gepflegt miteinander essen gehen. So sagte er zu seiner Frau: »Martha, ich lade dich vorher zum Schlachtschüssel-Essen ein – es soll ein schöner Abend für uns werden.«

Am Samstagabend warfen sich die beiden in Schale. Als sie in ihrer feinen, dunklen Kleidung im Dorfwirtshaus auftauchten, staunten die Gäste nicht schlecht. »Ein Trauerfall in der Familie?«, fragte der Wirt gleich besorgt. »So etwas Ähnliches«, antwortete Georg – mehr verriet er aber nicht, weil der Wirt sonst gedacht hätte, dass ihn der Georg auf die Schippe nimmt.

Dann genossen der Georg und seine Martha die Schlachtschüssel – sie war ein Gedicht. Die beiden langten ordentlich zu: je ein paar Scheiben von der Leber und Niere, von Fett durchzogenes Kesselfleisch, eine Leberwurst und eine dicke Blutwurst und zwei Riesenknödel mit Sauerkraut und viel Soße. Dazu trank der Georg zwei Halbe Bier und als »Niederdrücker« einen Kräuterlikör. Schöner hätte der Kulturabend für ihn nicht anfangen können!

Eine halbe Stunde später saß er mit seiner Frau im Konzertsaal. Kaum hatte das Orchester zu spielen begonnen, da spürte der Georg im Bauch ein von Minute zu Minute drückender werdendes Völlegefühl. »Das Essen vorhin war wohl doch zu reichlich«, dachte er sich. Bald hing er jedenfalls in seinem Polstersitz wie ein geprellter Frosch. Die Schlachtschüssel, die zwei Biere und der Magenbitter trieben ihm den Schweiß auf die Stirn – und dann kam schön langsam auch seine Verdauung in Gang.

Vorn auf der Bühne strich der erste Geiger zart und gefühlvoll mit dem Fidelbogen über die Saiten – und Georg wand sich in seinem Polstersitz. Je leiser der Geiger spielte, desto lauter rumorte es beim Georg – Donnerwetter, das Sauerkraut! Ringsum wurden die Besucher schon unruhig. »Mit dir muss man sich ja schämen«, flüsterte Martha ihrem Gatten zu, aber zwei Minuten später fingen auch bei ihr die gleichen Geräusche an.

Den Georg bringt ja so schnell nichts aus der Fassung, aber seine und Marthas laute Verdauung war ihm wirklich peinlich. Die beiden saßen im Konzert und gaben Töne von sich – und vorne auf der Bühne spielten die Musiker so empfindsam, dass man eine Stecknadel hätte fallen hören.

Georg betete, dass endlich die Trompeter aktiv werden und ganz hinten der Schlagzeuger auf seine Trommel schlagen würde, damit er und seine Frau aus der Schusslinie kamen. Aber vergeblich. Die Stücke an diesem Abend waren alle leise und lange. Der Georg, heilfroh, als endlich alles vorbei war, schwor sich, so schnell in kein Konzert mehr zu gehen. Eine Lehre war ihm dieser Abend dennoch, hatte er doch am eigenen Leib erfahren, welche Folgen es haben kann, wenn man beim Essen das rechte Maß vergisst und zu sehr über die Stränge schlägt.

Kranksein und Gesundwerden –
ein normaler Rhythmus im Leben

*Für meine Gesundheit sorge ich jeden Tag mit Zinnkraut,
Brennnesseln und Melissen – Kräuter halt. Krankheiten haben wir ja alle, damit muss man leben. Wichtiger aber ist, auf
das Innere zu achten. Man soll darauf achten, dass man höflich
und anständig ist und so durch das Leben kommt – nicht mit
groben Geschützen! Und man muss vor allem auf den Mund
achten, was da herauskommt, denn mit dem Reden kann man
den Menschen am meisten wehtun. Reden kann mehr verletzen als ein Messer. Deswegen ist es oft besser, den Mund zu
halten, als g'scheit daherzureden.*

Lindenwirtin Josefine Wagner

Man kann es gar nicht oft genug betonen: Alter ist keine Krankheit – auch Sterben nicht! Beides, Kranksein und Sterben, gehört
zum Leben. Gefährlich ist es allerdings, wenn sich alte Menschen
ununterbrochen mit ihrer Gesundheit und mit dem Tod beschäftigen, dann werden sie zu Hypochondern, die nur noch in sich
hineinhorchen. Voller Angst nehmen sie die Medikamente wie
Nahrung zu sich, um bloß nicht krank zu werden.

Natürlich wird die Verantwortung für die eigene Gesundheit
im Alter höher und jeder muss gut aufpassen, dass er sich geistig
und körperlich nicht überfordert. Doch diese Achtsamkeit soll
auch nicht dazu führen, dass man wegen jeder kleinen Be-
schwerde überreagiert und sofort zum Arzt rennt. Genauso
falsch ist es, bestimmte Krankheitssymptome zu ignorieren.
Selbstverantwortung ohne Hypochondrie – das ist vor allem im
Alter der Königsweg zwischen Gesundheit und Kranksein.

Oft sieht man es alten Menschen an, dass sie vom Leben müde
sind. Vielleicht »wollen« sie nicht mehr und bereiten sich auf

ihren Abschied vor. Diese Haltung muss man respektieren und dem Menschen zugestehen, dass er sich bewusst und in Würde auf seinen Tod vorbereitet. Ein Zeichen für eine solche innere Entscheidung ist meistens, dass diese Menschen aufhören zu essen. In solchen Fällen ist die häufig vorgenommene Zwangsernährung vielleicht der falsche Weg, weil er den Willen des Betroffenen missachtet. Meistens ist eine Krankheit der Grund für den Wunsch, aus dem Leben zu scheiden. Nicht immer geschieht dies friedlich und schmerzfrei, und manchmal ist es für den Betroffenen selbst schwer, sein Leiden anzunehmen. In diesen schweren Stunden hilft der Glaube an Gott, weil er über den Tod hinaus eine Perspektive gibt.

Wer am Ende seines Lebens eine tödliche Krankheit in sich trägt, beschäftigt sich naturgemäß mit seinem Sterben. Wenn dann auch noch starke Schmerzen auftreten, kann sogar der Gedanke an aktive Sterbehilfe verlockend sein: Der organisierte Freitod erscheint vielleicht als echte Alternative zu einem leidvollen Siechtum. Trotzdem ist das die verkehrte Lösung. Aus gutem Grund sind in fast allen Ländern die Organisationen verboten, die – gegen stolzes Honorar, versteht sich – den tödlichen Cocktail mixen und verabreichen.

Was habe ich, was fehlt mir?

Wenn ein Patient vom Arzt gefragt wird, was ihm fehlt, dann antwortet er meistens: »Ich habe Kopfweh, habe Bauchschmerzen, habe Depressionen ...« Der Kranke berichtet von dem, was er hat, und nicht davon, was ihm fehlt.

Es gehört heute offenbar zum guten Leben, dass es uns an nichts mangeln darf. Modische Kleidung, ein Handy, der

Zweitwagen, dreimal im Jahr in den Urlaub – um in der Gesellschaft anerkannt zu sein und sich wohlzufühlen, rackert sich der Mensch ab, damit er auch alles hat. Mit diesem Anspruch, der meist sogar mit dem Streben nach Perfektion verbunden ist, setzt sich der Mensch Lebensziele, die ihn von seinen echten Bedürfnissen entfernen. Viele brüsten und bespiegeln sich in ihrer Eitelkeit, sie flüchten in Träume, oft sogar in Krankheiten – stets auf der Suche nach Anerkennung, nach Leben, nach Liebe. Doch dieser Weg führt fast immer in Unzufriedenheit und Leid.

Klüger ist es, sich auf seine wirklich vorhandenen Stärken und vor allem auf die Schwächen zu besinnen. Denn auch für das Leben des Menschen gilt: Eine Kette ist nur so stark wie ihr schwächstes Glied. Mit der Erkenntnis über seine eigenen Stärken und Schwächen kann der Mensch sein Leben gestalten, ohne es in Selbstüberschätzung zu gefährden oder zu zerstören. Denn körperliche oder seelische Mängel bieten dem Menschen die Möglichkeit zur Entwicklung, zu neuem Wachstum. Diese Erkenntnis ist ein Zeichen von Stärke und Weisheit.

Mache dir einmal bewusst, welches Organ oder welcher Körperteil bei dir geschwächt ist und besondere Unterstützung braucht. Dann gib ihm diese Unterstützung und entdecke, wie sich die Schwäche allmählich in Stärke verwandelt – zum Beispiel kannst du deinem Bauch helfen, indem du einen vernünftigen Speiseplan machst.

Im Alter besonders wichtig:
der Rhythmus von Wachsein und Schlafen

Ich habe mich nie um meinen Schlaf bringen lassen – auch nicht, wenn spätabends am Stammtisch noch Gäste da waren. Da habe ich einfach mein Kopfpolster genommen, es vor mir auf den Tisch gelegt, meinen Kopf drauf – und dann habe ich ein bisserl geschlafen. Wenn einer ein Bier gebraucht hat, haben sie mich geweckt. Ich hab das Bier gebracht und dann weitergeschlafen. Wenn man sich um den Schlaf bringen lässt, geht die innere Ruhe weg.

Lindenwirtin Josefine Wagner

Im Alter gehört der Wechsel von Schlafen und Wachsein zu den elementarsten Rhythmen. Jeder muss für sich den richtigen Rhythmus finden – die einen brauchen mehr Schlaf, andere kommen mit wenig aus. Es gibt kein Rezept, das für alle gilt. Die wohl ungesündeste Art allerdings ist, dass der alte Mensch, wenn er Langeweile hat, damit beginnt, seine Zeit mit allerlei überflüssigen Tätigkeiten »totzuschlagen« oder stundenlang vor sich hin zu dösen. Da ist es viel sinnvoller, zu lesen, zu beten, spazieren zu gehen, Musik zu hören, Menschen oder Tiere zu beobachten.

Am besten lässt sich ein vernünftiger Rhythmus von Schlafen und Wachsein finden, wenn man sich – körperlich und geistig – ausreichend bewegt. Wer nur vorm Fernseher sitzt oder im Sessel vor sich hin dämmert, ist ständig schläfrig und nimmt am richtigen Leben kaum noch teil. Deshalb ist es im Alter so wichtig, dass der Mensch Aufgaben hat, denn dadurch gibt er seinem Leben eine Perspektive. Das kann ein Garten sein, um den man sich kümmern muss, vielleicht ist es ein Tier, ein Verein oder ein Nachbar, zu dem er Beziehungen herstellt.

Niemand darf sich im Alter sklavisch einem Rhythmus unterwerfen, der ihm im Grunde nicht guttut. Aber bloß keine Übertreibungen! Wer zwischendurch Lust verspürt, sich einmal hinzulegen und eine Mütze Schlaf zu nehmen, soll es sich gönnen – ohne schlechtes Gewissen. Schließlich ruft kein Wecker mehr zur Arbeit.

Der Rhythmus des Tages

Zum zeitlichen Rhythmus gehört auch der einzelne Tag, den man nicht beliebig zerfließen lassen soll, sondern in eine strukturierte Ordnung bringen kann. Das ist besonders für Menschen wichtig, die allein leben. Denn wenn ein Tag seinen Rhythmus hat, kommt der Mensch in Beziehung zu sich selbst.

Der gesunde Tagesrhythmus ist eine wichtige Quelle des Lebens. Er lässt sich vor allem an Ritualen erfahren: das morgendliche Aufstehen, das Waschen, vielleicht das Gebet, Essen, Reden, Schweigen – alles hat seine Zeit. So bekommt jeder Tag seine eigene Bedeutung. Ohne diesen Rhythmus steht der Mensch früh beliebig auf, geht abends irgendwann zu Bett und dazwischen passiert nichts, weil er keine Fixpunkte hat und seine Zeit nicht ordnet. Er richtet sich nicht nach den Jahreszeiten der Natur, missachtet den Tag und überlässt ihn der Beliebigkeit. Dem Tag oder der Woche Struktur zu geben, darf nicht verwechselt werden mit Terminplanung. Es wäre unklug, die Tage bis zur letzten Minute zu verplanen.

Der Tag beginnt am Morgen mit dem Aufstehen: Du begibst dich von einer Position in eine andere – von der nächtlichen Ruhe in die Bewegung des Tages. Dieser Übergang in den Wachzustand sollte ganz bewusst geschehen. Viele öffnen ihre Augen und bleiben noch einige Zeit liegen, dehnen und räkeln sich und nehmen sich auf diese Weise sehr bewusst wahr. Danach stehen sie mit langsamen Bewegungen auf – ein Ritual, das sich jeden Tag wiederholt.

Am Morgen brauchen der Leib und die Seele Sorgfalt. Du reinigst dich, das ist mehr, als sich schnell zu waschen. Du kleidest dich an, auch das ist mehr, als nur in die Klamotten zu springen. Anschließend setzt man sich an den Tisch und genießt mit Bedacht das Frühstück. Wir Menschen brauchen für diese ersten Tätigkeiten am Tag Ruhe und Zeit, damit wir unsere Aufmerksamkeit zu uns selbst hinwenden.

Da gibt es auch noch das Morgengebet, das heute gern als altmodisch abgetan wird. Aber mit dem Morgengebet hast du die wunderbare Möglichkeit, dich bewusst in den großen Zusammenhang der Schöpfung einzufügen. Wer nicht beten will, kann auch einen guten Text lesen oder eine Körperübung machen. Es muss nicht unbedingt etwas Religiöses sein.

Am Abend ist es sinnvoll, den Tag nicht einfach auslaufen zu lassen, sondern ihn zu reflektieren und all das, was geschehen ist, noch einmal in Gedanken zurückzuholen. Aber man sollte die einzelnen Ereignisse nicht bewerten, sondern sie nur betrachten und annehmen: So war es halt. Es bringt wenig, wenn wir bestimmten Dingen nachtrauern, denn sie sind vorbei. Viele führen diese Reflexion als Ritual durch: Sie zünden eine Kerze an, setzen sich 20 Minuten hin und betrachten den zurückliegenden Tag. Andere kommen nach Hause, legen gute Musik auf und genießen sie für einige Zeit. Wieder andere setzen sich erst einmal hin, meditieren oder kümmern sich um ihre Blumen, gießen sie, betrachten sie, berühren sie, sprechen vielleicht mit ihnen.

Manche Menschen lassen den Tag auch – ganz konkret oder nur in ihrer Vorstellung – mit einem schönen Bild ausklingen: Sie sitzen auf einer Bank hinterm Haus und blicken ins Licht der untergehenden Abendsonne.

Der neue Tag beginnt am Abend vorher

Die abendliche Reflexion rundet die Werke des Tages wunderbar ab, und zugleich ist sie der Anfang für den nächsten Morgen. Ganz ähnlich ist es mit den Menschen im Alter: Der Lebensabend symbolisiert bereits einen neuen Beginn – mit der hoffnungsvollen Perspektive, dass es eine Zukunft in anderer Form gibt. Einen Menschen, der eine solche Einstellung in sich trägt, kann der Tod nicht erschüttern. Wer in dem Glauben an die Unsterblichkeit durch die Welt geht, weiß, dass die untergehende Sonne morgen wieder aufsteigt, er lebt in Hoffnung und Zuversicht. Deshalb ist es wichtig, am Abend noch einmal den scheidenden Tag zu betrachten, mit seinen Erfolgen und Misserfolgen, mit den Freuden und Enttäuschungen, mit den Stunden des Glücks und der Trauer. Es macht auch Sinn, bei dieser abendlichen Rückschau mit dem zu Ende gehenden Tag Frieden zu schließen und sich mit allem, was er gebracht hat, zu versöhnen. Das bewusste Abschließen des Tages sollte zum Ritual werden, das wir jeden Abend wiederholen und das uns auf den Schlaf, auf die Nacht vorbereitet.

Schlaf ist nicht »nichts«

Der Mensch liegt ein Drittel seines Lebens im Schlaf. Viele betrachten das als notwendiges Übel, übersehen jedoch, dass im Schlaf etwas Wichtiges passiert. Denn Schlaf bedeutet sowohl für den Leib (Ruhe) als auch für die Seele (Träume) Erholung und Regeneration. Der Mensch liegt im Laufe seines Lebens 25 bis 30 Jahre im Schlaf. Dabei macht sein Körper lebenswichtige Prozesse durch, indem er entspannt, träumt und sich neue Kraft holt. Schlafen ist ein unbewusster Zustand, Wachsein ein bewusster – der Mensch braucht beides. Wie bedeutend ein geregelter Wach- und Schlafrhythmus ist, wird auch klar, wenn man bedenkt, dass der Schlafentzug eine der brutalsten Foltermethoden ist. Schlaf ist also nicht »nichts«. Er muss nicht zusammenhängend an einem Stück erfolgen, sollte jedoch einem Rhythmus unterliegen. Welcher Rhythmus gut ist, kann jeder für sich selbst herausfinden, wenn er auf die Zeichen seines Körpers und seiner Seele achtet. Die Folgen von zu wenig Schlaf sind Unruhe, Nervosität oder schlechte Laune.

Eine wunderbare Möglichkeit, sich in den Schlaf zu begeben, ist, sich einen bestimmten Traum zu wünschen. Manche halten das für ein Hirngespinst, aber Therapeuten, die ihre Patienten dazu ermuntern, haben damit schon wahre Wunder bewirkt. Wer tagsüber ein Problem hatte, das am Abend immer noch ungelöst ist, kann vor dem Einschlafen darum bitten, dass er einen Traum erlebt, der ihm ein Lösungsmodell zeigt. Oft steht dieser Mensch am nächsten Morgen auf und weiß, wie er handeln muss. Ein Zustand der »inneren Gewissheit« ist über Nacht bei ihm eingetreten und häufig löst er sein Problem dann anders, als er es allein mit dem Verstand getan hätte. Es ist eine alte Volksweisheit, dass man über ein Problem erst einmal eine Nacht schlafen soll, bevor man sich entscheidet.

Zum guten Schlaf gehört vor allem ein Platz, an dem man sich wohlfühlt. Wenn ein Mensch ein Drittel seines Lebens an einer bestimmten Stelle im Haus im Schlaf verbringt, sollte er viel Sorgfalt darauf verwenden, seinen Schlafplatz auszuwählen, ihn sinnvoll einzurichten und zu gestalten. So können zum Beispiel Wasseradern, Störzonen und Erdstrahlen manchmal verhindern, dass wir an einem Platz ruhig und tief schlafen. Deshalb ist es sinnvoll, zu spüren und nachzufühlen, wo man gut schlafen kann. Ebenso sollten wir eine Sensibilität dafür entwickeln, welche »Wach-Plätze« uns guttun.

Einschlaf-Rituale

Zu einem erholsamen Schlaf können auch Einschlaf-Rituale beitragen. Zum Beispiel kann man vor dem Einschlafen in Gedanken um sich herum einen Licht-Schutzraum aufbauen: Stell dir dazu eine Lichtkuppel vor, die dich beschützt und behütet. Wie die Erfahrung zeigt, können Menschen, die sich bewusst Einschlaf-Rituale schaffen, wirklich besser schlafen. Wer sich allerdings kurz vor dem Einschlafen von bösen Kräften verfolgt sieht, wird vermutlich eine unruhige Nacht haben. Ähnlich geht es denen, die sich mit ihren ungelösten Problemen oder mit düsteren Horrorbildern aus dem Fernsehen ins Bett legen.

Eine befreiende Erfahrung vor dem Einschlafen kann auch ein Schuldbekenntnis sein. Wer tagsüber einen Menschen verletzt hat und sich mit ihm wieder versöhnt und ihn um Verzeihung bittet, kann sehr viel leichter zu innerem Frieden finden. Das Bekennen von Schuld ist ein Zeichen von Stärke und Menschlichkeit. Oft allerdings ist der betroffene Mensch nicht da oder das Ereignis liegt weit zurück; in diesem Fall stellen wir die Beziehung zu ihm in Gedanken her. Wir können uns auch mit dem Schuldbekenntnis an Gott wenden. Er rechnet dir deine Schuld nicht vor, sondern schenkt Verzeihung, neues Leben und Frieden. Ein solcher Schritt fordert jedoch Wahrhaftigkeit und Vertrauen. Auch autogenes Training oder andere Entspannungsübungen sind sinnvoll, um gelassen in den Schlaf hineinzugehen.

Wichtig vor dem Einschlafen ist es, Bilder, die uns tagsüber bedrängt und beschäftigt haben, loszulassen. Dazu machen wir uns das Problem bewusst und entscheiden, dass wir es jetzt nicht lösen wollen oder können. Vielleicht ist dazu der nächste Morgen besser geeignet. Dann geben wir das Bild zurück und lassen es los. Wie auch immer man das Einschlafen gestaltet: Wichtig ist, den Tag sehr bewusst mit einem Ritual abzuschließen.

Auf nichts mehr warten?

Es war ein trauriger Besuch bei dem alten Ehepaar. Auf das Klopfen des Pfarrers öffnete niemand. Als er die Tür, die nicht verschlossen war, öffnete und das Haus betrat, sah er die beiden in ihren Sesseln: Sie waren vor dem eingeschalteten Fernseher eingeschlafen. »Wir warten auf nichts mehr«, sagte die alte Frau, als sie erwachte, entschuldigend, »wir sitzen halt den ganzen Tag vor dem Fernseher oder schlafen. Früher war es noch anders. Da habe ich auf die Kinder gewartet, bis sie von der Schule heimgekommen sind, oder abends auf meinen Mann und am Monatsersten auf das Geld. Dann habe ich darauf gewartet, dass das Fernsehprogramm am Nachmittag anfängt. Jetzt brauche ich nicht einmal mehr darauf zu warten, weil es mit der neuen Schüssel den ganzen Tag läuft. Ich weiß nicht mehr, worauf ich noch warten soll. Jetzt warten wir halt aufs Sterben.« Für die beiden alten Menschen hatte das Leben schon aufgehört, weil sie nichts mehr erwarteten – nichts mehr für sich und nichts mehr von den Menschen.

Das Leben stirbt, wenn es darin keine Sehnsucht, keine Hoffnung und keine Zuversicht mehr gibt. Die Betäubungsmittel des Alltags, zum Beispiel Fernsehen und Internet, können diese Sehnsucht nicht erfüllen.

Wenn der Mensch kein inneres Ziel mehr hat, wenn er also nicht mehr weiß, wozu er lebt, dann wird sein Leben mühsam und leer. Leben braucht Sehnsucht und Entwicklung. Wer stehen bleibt und im Stillstand verharrt, ist tot, auch wenn er noch atmet und sich bewegt. Entwicklung bedeutet, dass wir etwas erwarten, uns freuen können. Wer im Leben keine Perspektiven mehr hat, dem nützen auch Geld und Besitz nichts. Verkehrt ist es natürlich, wenn die Ziele nur aus unerfüllten materiellen Wünschen bestehen. Die beiden Alten, die vor dem Fernseher eingenickt waren, hatten eigentlich Sehnsucht nach Leben, aber sie haben es verschlafen. Ihnen fehlten innere Ziele. Viele Menschen haben wie diese beiden heute leider keine solchen Ziele mehr, sondern leben nur noch nach außen orientiert: ein größeres Auto, mehr Geld, die Karriere, der Luxusurlaub, ein attraktiver Partner, keine Sorgen.

Doch jeder Mensch trägt – oft auch unbewusst – die Frage nach dem Sinn des Lebens in sich. Die Jagd nach materiellen Wünschen kann darauf keine Antwort geben. Deshalb ist es klug, wenn wir uns die vielen Irrwege und Schleichpfade anschauen, die uns immer wieder vom Ziel abbringen – und wenn wir die Perspektive nach innen verlegen. Geistliches Leben beginnt in dem Augenblick, da ein Mensch aufhört, sich nur an seinen Sehnsüchten und Wünschen in der Außenwelt zu orientieren.

Die Pause ist wichtig

Eine Pause zu machen, geht immer – wenn man will.

Lindenwirtin Josefine Wagner

Zu den schlimmsten Folgen in unserer Berufswelt gehört die
Entfremdung von der Arbeit. Viele Menschen fühlen sich überfordert. Das beginnt schon in der Schule und setzt sich später im
Betrieb fort. Kein Wunder, dass die gestressten Menschen den
Ruhestand ersehnen, der ihnen als die große Pause im Leben erscheint. Doch dieser Wunsch erweist sich häufig als eine Falle, in
die man arglos hineintappt, denn die ersehnte »Dauerpause« hat
ihre Tücken.

Viele Menschen empfinden die Arbeit als etwas Negatives,
dabei sind sie an dieser falschen Einstellung oft selbst schuld.
Statt die Arbeit mit Gelassenheit zu verrichten, entwickeln sie
eine schier dämonische Dynamik, in die sie sich selbst hineintrei-
ben. Dann verzichten sie sogar auf Pausen, in denen sie sich vom
Stress erholen könnten.

Nach dem Eintritt in den Ruhestand hören die meisten Menschen von einem Tag auf den anderen auf zu arbeiten. Das wi-
derspricht jedem vernünftigen Lebensrhythmus. Gescheiter ist
es, weiterzuarbeiten, wo immer es möglich ist. Natürlich nicht
mehr mit dem früheren Tempo und nicht mehr unter dem zerstörerischen Druck auf der Karriereleiter. Die Benediktinermönche geben uns ein gutes Beispiel: Sie lassen ihr Arbeitsleben
mit zunehmendem Alter allmählich ausklingen, ohne sich dabei
zu überfordern.

Wer lebt – nicht nur, wer arbeitet –, muss Pausen einlegen.
Kein Motor läuft ewig. Der Körper nimmt seine Energie nicht
beim Essen auf, sondern in der »Pause« zwischen Nahrungsauf-
nahme und Ausscheidung, also während der Verdauung. Ge-

nauso ist es auch bei allen anderen Lebensprozessen: Eine Ruhepause ist notwendig, um den vorausgegangenen Prozess zu bearbeiten, zu verdauen und abzuschließen. So wird die Pause zu einem wichtigen Teil im Rhythmus des Lebens.

Eine hohe Arbeitsleistung kann nicht über mehrere Stunden hinweg ohne Unterbrechung durchgehalten werden. Die Erfahrung zeigt, dass man spätestens nach einer Stunde eine Pause einlegen soll. Sie ergänzt die vorherige Tätigkeit – allerdings auf ganz andere Art und Weise; denn die Pause soll nicht nur vor der totalen Erschöpfung bewahren, sondern ist ein Wert für sich. Pausenzeiten sind etwas Besonderes. Deshalb ist es unklug, nach mehreren Arbeitsstunden sofort zum Handy zu greifen und während der gesamten Pause zu telefonieren.

Die Regel des heiligen Benedikt fordert von den Mönchen, dass sie nicht erst dann eine Pause einlegen, wenn sie schon übermüdet sind, sondern dass Pausen einen festen Platz im Tagesablauf haben. Früher wurde im Kloster zu jeder vollen Stunde die Glocke geläutet, damit die Mönche während ihrer Arbeit kurz innehalten, den Blick auf sich selbst richten, ein Gebet sprechen. Heute könnten wir unsere elektronische Armbanduhr zu einer modernen Stundenglocke umfunktionieren: Sie piepst dann immer zur vollen Stunde und erinnert uns daran, die Gartenarbeit, das Lesen oder was wir sonst gerade tun, zu unterbrechen, damit wir wenigstens ein paar Atemzüge lang bei uns selbst sein können. Eine solche rechtzeitige, bewusste Unterbrechung verhindert, dass der Mensch seine Energie verliert – und damit die Beziehung zu sich selbst. Wer Pausen macht, hält seine Leistung auf einem hohen Niveau, wer bis zur Erschöpfung durcharbeitet, powert sich aus. Dann schleichen sich Fehler ein, das Tempo lässt nach und die Gesamtleistung sinkt.

Die Pause richtig nutzen

In der Pause sollten wir unsere Position wechseln. Wer während der Arbeit gesessen hat, sollte aufstehen und umhergehen. Wer im Stehen gearbeitet hat, kann sich setzen. Wer sich bei seiner Arbeit viel bewegt hat, sollte sich zur Erholung vielleicht sogar ein paar Minuten hinlegen. Sehr erholsam ist es, wenn wir in der Pause auch etwas anderes sehen, riechen oder hören. Das regt die Sinne an, und zwar ganz andere als jene, die vorher bei der Arbeit beansprucht wurden.

In der Pause erholt sich der Mensch, weil er ausspannt und vorübergehend etwas anderes tut. Dabei sollte er bewusst den Kontrast zu dem suchen, was er vorher getan hat: Wer zum Beispiel allein in einem Büro sitzt, sollte in der Pause mit Kollegen zusammenkommen, mit ihnen reden und lachen. Leute, die in Gruppen arbeiten, erholen sich am besten, wenn sie in der Pause keine Kommunikation mit anderen suchen. Wir sollten es auch vermeiden, in der Pause über die gleichen Dinge und Themen zu sprechen, mit denen wir uns während der Arbeit beschäftigt haben.

Wer viel Kommunikation hat und dauernd mit anderen Menschen redet, telefoniert oder verhandelt, sollte seine Pause nicht auch noch mit Gesprächen ausfüllen. Für ihn ist es besser, sich zurückzuziehen, sich vielleicht auf eine Bank zu setzen und für kurze Zeit mit sich allein zu bleiben.

Die Pause ist auch eine Zeit zur Entfaltung. Was vorher erarbeitet, besprochen oder geplant wurde, braucht eine gewisse Zeit, um sich zu entwickeln. So kann ein Prozess allmählich heranreifen – das ist sinnvoller, als pausenlos alles voranzutreiben, ohne Rast und ohne Verschnaufen. Die Pause gibt einem Prozess die Chance, sich zu entfalten, zu verändern und zu reifen. Dieses Prinzip gilt auch für die Freizeit und im Alter: Ruhephasen sind sinnvoll und können wahre Wunder bewirken! Im Alter sind Pausen noch wichtiger als in jungen Jahren. Wer sie nicht beachtet, muss damit rechnen, dass der Körper und die Seele eine Pause »erzwingen«. Und zwar als Krankheit, die dich ans Bett fesselt, als Schlaganfall, der dein zu hohes Tempo lähmt, als Infarkt, der den überdrehten Rhythmus jäh stoppt.

Raum der Stille

In unserer lärmenden Welt ist Stille ein kostbares Gut geworden. Überall wird drauflosgeplappert, Handys klingeln, in der Wohnung und am Arbeitsplatz läuft ununterbrochen das Radio, aus den Autoboxen dröhnt Techno-Musik und auf den Straßen machen die Brummis ihrem Namen alle Ehre. Der Lärm und ein viel zu schnelles, stressiges Leben zermürben immer mehr Menschen an Leib und Seele – und es scheint kein Mittel in Sicht zu sein, um dieser unseligen Entwicklung entgegenzuwirken.

Doch manchmal kommt Hoffnung aus einer Ecke, in der man sie am allerwenigsten vermutet hat: zum Beispiel dem bayerischen Gesundheits- und Umweltministerium in München. Die Behörde mit ihren rund 1000 Angestellten hat kürzlich einen »Raum der Stille« für Mitarbeiter geschaffen, die in der Pause sämtliche Geräusche auf Null drehen und für ein paar Minuten ganz bei sich sein wollen. Mit seinen beruhigenden Blautönen und dem leisen Plätschern von fließendem Wasser lädt dieser Raum zum Verweilen ein, zur Einkehr bei sich selbst oder zum Gebet.

Stille, Ruhe, Ent-schleunigung des Lebens – alle großen Kulturen und Religionen haben solche Werte gefördert und geschützte Räume geschaffen, in denen die Menschen für eine Weile bei sich sein konnten. Dass diese Tradition nun in unerwarteter Form in einer Behörde in der Großstadt wieder auftaucht, ist bemerkenswert. Vielleicht macht das Beispiel Schule und regt Bauherren und Architekten an, in Gebäuden, in denen viele Menschen zusammenleben oder -arbeiten, ebenfalls einen »Raum der Stille« einzuplanen. In einer Zeit, in der viele Menschen nach Orientierung und Sinn in ihrem Leben suchen, wäre es doch gelacht, wenn wir unter Gemeinschaftsräumen immer nur Keller, Dachböden und den Waschmaschinenraum verstehen würden. Es verwundert sowieso, dass nicht längst schon andere Firmen solche ruhigen Rückzugsräume anbieten – schließlich ist aus Untersuchungen bekannt, dass die Mitarbeiter bereits nach einem kurzen Aufenthalt in einem »Raum der Stille« viel motivierter und leistungsstärker ins Büro oder an die Werkbank zurückkehren. Wirtschaftsbetriebe könnten also in doppelter Weise Erfolg ernten: Sie bieten dem Mitarbeiter etwas wirklich Gutes und erhöhen gleichzeitig ihre eigene unternehmerische Leistung.

Der zweckfreie Sonntag

Im Wirtshaus hat man ja eigentlich keinen Sonntag und kei-
nen Feiertag für sich. Man macht den Feiertag für andere, da-
mit es ihnen gut geht. Das ist oft nicht leicht, aber noch öfter
merkt man: Wenn die anderen einen Feiertag haben, dann
kann man sich selbst auch freuen und hat selbst einen Feiertag.
Der Mensch braucht einen Feiertag, sonst wird er zum Viech.
Sogar die Viecher brauchen einen Feiertag zum Ausruhen,
sonst gehen sie elend zu Grunde.

Lindenwirtin Josefine Wagner

Beim Zusammenleben mit anderen Menschen sollten wir darauf
achten, dass es einen gemeinsamen Ruhetag gibt: den Sonntag.
Sechs Tage Arbeit, dann ein Ruhetag – das ist auch der Rhythmus, den wir aus der biblischen Schöpfungsgeschichte kennen.
Er findet sich in fast allen Religionen, weil er offenbar als Ur-
Rhythmus dem Menschen innewohnt. Nach sechs Arbeitstagen
braucht der Mensch den siebten Tag zur Ruhe, zur Erholung,
zur Kommunikation, aber vor allem braucht er ihn, um seine
eigene Spiritualität kreativ zu leben und zu entwickeln. In der
Sowjetunion unter Stalin wurde der Zehn-Tage-Rhythmus ein-
geführt, um die Volkswirtschaft effizienter zu machen. Die Menschen haben den neuen Rhythmus eine Zeitlang einigermaßen
ausgehalten. Die Pferde dagegen nicht. Sie wurden krank, und
bevor die Symptome auch bei den Menschen auftauchten, stellte
man den bewährten Siebener-Rhythmus wieder her.

Auch alte Menschen sollten den Sonntag als eine zweckfreie,
geschenkte Zeit betrachten: Du unterliegst keinen Zwängen, niemand schreibt dir etwas vor – du allein teilst die Stunden ein, in
denen du mit deiner Familie zusammen bist, mit Freunden oder
mit dir selbst. Dieser freie Tag ist ein großes Geschenk. Es wäre

schade, die Zeit zu verschlafen, zu vertrödeln oder mit Aktivitäten vollzustopfen, die dich wieder zum Sklaven machen.

Heilsamer Sonntag

Es ist ein regelmäßig wiederkehrendes Ritual: die Forderung des Handels, dass der arbeitsfreie Sonntag als unzeitgemäßes Relikt aus der Vergangenheit endlich abgeschafft gehört – und die darauf folgenden Proteste von Kirchen und Gewerkschaften.

In Deutschland sind die Sonn- und Feiertage zwar im Grundgesetz ausdrücklich als »Tage der Arbeitsruhe und der seelischen Erbauung« geschützt, aber in der Praxis wird dieses Gebot von immer mehr Ausnahmegenehmigungen durchlöchert – warum also das Arbeitsverbot am Sonntag nicht endgültig streichen? Doch der Sonntag ist kein Instrument zur Ankurbelung der Konjunktur. Manche Marketing-Experten wollen uns voller Zynismus weismachen, der Mensch sei »born to shop«, also müsse er kaufen, kaufen, kaufen, auch sonntags.

Das Gegenteil ist der Fall: Der Sonntag hat für den Menschen eine völlig andere Bedeutung als ein normaler Arbeitstag unter der Woche. Er dient der Ruhe und der Erholung und ist ein Fixpunkt im Lebensrhythmus der Menschen, die an diesem Tag den Alltag und die Sorgen hinter sich lassen können. Endlich ist Zeit für die Familie und für Gespräche, für Freunde, für das Hobby, für den Verein.

Der Sonntag ist keine Erfindung der christlichen Kirchen, sondern entspricht einer tiefen menschlichen Sehnsucht, einem Ur-Rhythmus nach Ruhe für den Körper und die Seele.

Kein Wunder, dass es in fast allen Religionen nach sechs Tagen des Schaffens einen siebten Tag gibt, an dem die Arbeit ruht. So ist der Sonntag – jenseits von Geld, Konsum und Kommerz – Teil der menschlichen Sozialkultur, die man nicht ökonomischen Gesetzen unterwerfen soll.

In unserer hyperaktiven Gesellschaft, das weisen Studien nach, wird der gestresste Mensch krank, wenn er die wichtigsten Rhythmen, die sein Leben bestimmen, missachtet: das rechte Maß zwischen Spannung und Entspannung, zwischen Ruhe und Bewegung, zwischen Wachsein und Schlaf, zwischen Arbeit und Pause. Auch der Essensrhythmus, das bewusste Leben im Einklang mit den Jahreszeiten und vor allem der Sonntag als Tag der Ruhe gehören dazu. Er gilt als einer der zentralen Rhythmen, die dem Menschen an Leib und Seele guttun und seine Lebenskraft stärken. Deshalb sollten wir – schon im Interesse der eigenen Gesundheit – in unserer viel zu hektischen Welt alles tun, um schädliche Eingriffe in unsere Lebensrhythmen zu verhindern.

So gesehen geht der Schutz des Sonntags in seiner Bedeutung weit über Arbeitsverbote und Ladenschlusszeiten hinaus. Im Zusammenspiel mit den anderen wichtigen Rhythmen des Lebens ist der freie Sonntag ein »heilsamer« Beitrag, um den Menschen in guter Balance zu halten und ihn vor krank machendem Stress zu bewahren.

Leben im Rhythmus der Jahreszeiten

Es gibt keine schlechte Jahreszeit. Jede kann schön sein, jede kann grauslich sein. Es gibt schöne Winter und fürchterliche, es gibt im Sommer schöne Tage, aber auch ein Sauwetter. Das gehört zum Leben. Die Jahreszeiten sind notwendig, schwierig sind nur die Wechsel. Du musst dich halt dauernd an etwas Neues gewöhnen: im Frühjahr an den Sommer, im Sommer an den Herbst, im Herbst an den Winter und dann wieder ans Frühjahr. Aber wenn du weißt, dass es immer wieder weitergeht, dann ist es auch nicht so schlimm.

Lindenwirtin Josefine Wagner

Es hat den Menschen immer gutgetan, wenn sie im Rhythmus der Natur und der Jahreszeiten lebten. Frühling, Sommer, Herbst und Winter geben dem Jahr, dem Leben und jedem Menschen einen eigenen Rhythmus. In unserer überdrehten Welt nehmen viele diesen Rhythmus kaum noch wahr. Die moderne Lebensweise führt dazu, dass sich die Menschen immer mehr vom Rhythmus der Natur entfernen. Bestes Beispiel dafür ist das Essen: Früher gab es Erdbeeren im Sommer, wenn sie reif waren, heute bieten sie die Supermärkte zu allen Jahreszeiten an, sogar im Winter. Genauso ist es mit Äpfeln und Salat, mit Johannisbeeren und Pilzen, mit Gurken und Radieschen: Unabhängig von der Jahreszeit und vom Rhythmus der heimischen Ernten ist alles zu allen Zeiten verfügbar.

Leider geht uns damit das Gefühl für die Jahreszeiten verloren. Wir wissen nicht mehr, was sie uns symbolisch bedeuten. Im Frühling erlebt der Mensch die Jugend, Aufbruch und Entwicklung. Der Sommer macht uns den Prozess des Wachsens bewusst, der Herbst symbolisiert das Reifwerden und die Ernte, der Winter steht für den Rückzug, die Ruhe und auch für den

Tod. Diese vier Jahreszeiten lassen sich auch den eigenen Lebensphasen zuordnen. Wer die Jahreszeiten bewusst erlebt, hat die Chance, das eigene Leben intensiver zu spüren.

Auch ein alter Mensch kann den Frühling als Wachstum und Aufbruch erfahren, wenn er diese Jahreszeit sensibel wahrnimmt. Wenn wir die Jahreszeiten bewusst erleben, nehmen wir an einer inneren und äußeren Entwicklung teil und werden Teil eines Lebensprinzips, das uns prägt. Dann klingt das erste Zwitschern der Vögel nicht nur angenehm fürs Ohr, sondern es ist zugleich eine Botschaft, dass im Jahreskreis nach dem Winter der neue Aufbruch beginnt. Und das Holzhacken im späten Herbst wird nicht als eine lästige, schweißtreibende Pflichtarbeit empfunden, sondern kann uns den Wechsel zum kalten Winter symbolisieren.

Wandlung erfahren

Es tut uns gut, wenn wir bewusst die Wachstums-, Reifungs- und auch Alterungsprozesse wahrnehmen. Wer mit seinen Sinnen am Wechsel der Jahreszeiten teilnimmt, weiß, dass nach jedem Winter ein neuer Frühling kommt. Er erlebt das Sterben in der Natur, aber er erkennt darin gleichzeitig den Keim einer neuen Geburt. Die Sonne kehrt an ihrem tiefsten Punkt um und steigt wieder auf. Wenn der Mensch sich mit diesem Rhythmus der Natur in Einklang bringen kann, wird er auch sein eigenes Leben besser verstehen.

Ein Baum, den du übers ganze Jahr beobachtest, kann dir den Zauber der Schöpfung bewusst machen: Wie er im Winter kahl dasteht, wie er dann im Frühling seine Knospen austreibt und plötzlich »explodiert«, wie im Sommer die Früchte heranwachsen, reif werden und im Herbst abfallen, wie der Baum sein Laub verliert, sich zurückzieht und ausruht, bis er im nächsten Frühjahr wieder erwacht. Wer diesen Baum über die Jahreszeiten hinweg betrachtet, spürt auch sein eigenes Leben – das Wachsen, die Entfaltung, die Ernte, die Ruhe. All das deutet darauf hin, dass es ein großes Prinzip des Lebens gibt, einen schöpferischen, göttlichen Plan. Die Geburt, das Heranwachsen, Altwerden, Sterben und die Auferstehung in anderer Form – sich in diesen kosmischen Rhythmus einzuschwingen, gibt dem Menschen Kraft und Stabilität im Leben.

Nachfrost im August

Emils ganzer Stolz ist sein kleiner Garten hinterm Haus. In diesem Stückchen Natur hegt und pflegt er alles wie in einer Puppenstube. Sein Schmuckstück ist das Winterbeet, ein bescheidenes Mini-Treibhaus, sechs mal zwei Meter breit, gerade mal knöchelhoch, das er mit Glas abgedeckt hatte. Darin wachsen seine Schlangengurken. Auf einer Strichliste überwacht der ehrgeizige Hobbygärtner seine Zuchterfolge.

An einem Abend im Spätsommer saß der Emil wieder einmal im Wirtshaus. Schön war es am Stammtisch, das Bier schmeckte und zwischendurch spendierte ein Gast auch mal eine Runde Schnaps. Gegen Mitternacht hatte der Emil, wie seine Stammtischbrüder zu sagen pflegten, »tüchtig einen in der Krone hängen«.

Zum Glück grenzt das Wirtshaus hinten hinaus direkt an Emils Gurken-Paradies – und so entschied der Emil zur Sperrstunde, lieber nicht auf dem Gehsteig um den Häuserblock heimwärts zu torkeln, weil ihn am Ende die Nachbarn sehen könnten und er Zoff mit seiner Frau kriegen würde. So ging er

durch den Hinterausgang des Wirtshauses schnurstracks auf seinen Garten zu, kletterte mühsam über den Lattenzaun und wankte die letzten paar Meter durch den Garten bis zum Hintereingang seines Hauses.
Gott sei Dank schien in dieser Nacht der Mond, sodass der Emil wenigstens ein bisschen etwas sehen konnte. Plötzlich knisterte es unter seinen Füßen. »Na, so was«, murmelte er ganz überrascht, »heuer ist der Nachtfrost aber schon frühzeitig da!« Auf den eisigen Pfützen unter seinen Füßen spiegelte sich das fahle Mondlicht. Doch die Eisschicht war offenbar noch zu dünn, um ihn zu tragen, sodass er bei jedem Schritt einbrach. Es knirschte und knackte unter seinen Schuhen. Er war froh, als er endlich im Haus drinnen war.
Am nächsten Morgen beim Kaffeetrinken erzählte der Emil seiner Frau Ilse vom Nachtfrost am letzten Abend. »Nachtfrost mitten im August?«, wunderte sie sich, »das gibt es doch nicht!« Sie trat ans Fenster und schaute in den Garten hinaus, ob der Reif noch zu sehen war. Mit einem Mal wurde Ilse ganz weiß im Gesicht: »Die schönen Beete – alles kaputt!«, rief sie entsetzt. Es sah aus, als ob jemand die kleinen Glasscheiben des Winterbeets mit Absicht eingetreten hatte.
Seit diesem Tag erwähnte der Emil mit keinem Sterbenswort mehr den ominösen Nachtfrost mitten im August. Und nach dem Wirtshausbesuch nahm er keine Abkürzung mehr durch seinen Garten, sondern torkelte auf dem Gehsteig nach Hause.

Die Mutter aller Tugenden: das rechte Maß

*Gesund leben heißt, man soll nichts übertreiben – weder das
Essen noch das Schlafen, weder das Beten noch das Denken
und das Arbeiten. Alles muss ein gutes Maß haben.*

Weiser alter Benediktinermönch

In allen Religionen und Weisheitslehren der Welt gibt es Regeln
und Anweisungen, die die Menschen beachten sollten, damit sie
sinnvoll leben können. Diese Regeln beruhen auf Erfahrungen,
die sich über Jahrtausende hinweg bewährt haben: Lebensmo-
delle, um Krisen und Konflikte zu bewältigen, um die Menschen
vor körperlichen und seelischen Krankheiten zu bewahren, um
ihnen den Rhythmus der Schöpfung bewusst zu machen. Meist
sind es verblüffend einfache Regeln, die uns Menschen zu einer
maßvollen, klugen Lebensgestaltung anleiten wollen. Die zentrale Richtschnur im Leben ist das rechte Maß – es gilt in jeder
Lebensphase, ganz besonders aber im Alter, wenn die Kräfte allmählich schwinden.

Doch was ist das rechte Maß? Was für den Gesunden gut ist,
kann für den Kranken schlecht sein, was ein Kind braucht, ist für
den Erwachsenen vielleicht wenig nützlich, was man in jungen
Jahren problemlos bewältigt hat, wird im Alter zur Mühsal. Was
für den einen gut ist, schadet vielleicht dem anderen. Für einen
geübten Skifahrer ist eine Steilabfahrt kein Problem, während
ein Anfänger am selben Hang Kopf und Kragen riskiert.

Die Benediktinermönche bezeichnen das rechte Maß als die
»Mutter aller Tugenden«, obwohl es keine eindeutige Definition
gibt, was damit gemeint ist. Das rechte Maß ist nämlich kein all-
gemein gültiges Rezept, sondern von Mensch zu Mensch verschieden. Das macht den Umgang mit dem rechten Maß manchmal schwierig: Sogar im eigenen Leben verändert es sich ständig,

weil sich jeder Mensch im Laufe der Jahre weiterentwickelt, sich von früheren Erfahrungen trennt, neue Erkenntnisse bekommt. Einstellungen, die gestern richtig waren, können morgen schon wieder falsch sein. Der Mensch braucht für eine maßvolle Lebensführung zweierlei: die Beziehung zur Transzendenz, also zur übersinnlichen Welt, und Lebenserfahrungen, aus denen er wie aus einer Schatztruhe Wissen schöpfen kann.

Im Alltag spürst du, dass du das rechte Maß verlassen hast, wenn du einmal über die Stränge schlägst. Intuitiv weißt du dann, dass du etwas falsch machst, wenn du unregelmäßig isst und trinkst, jemanden im Zorn beleidigst, nach Geld oder Sex gierst, dich nicht gegen Unrecht erhebst, jemanden belügst oder betrügst. Noch deutlicher registrierst du, dass du nicht mehr im rechten Maß lebst, wenn sich nachhaltige Störungen, Krankheiten und Leid einstellen, wenn du feststellst, dass du keine Freunde mehr hast, wenn die Beziehungen in deiner Familie schlecht oder gar zerrissen sind. Die Rückkehr zur Ausgewogenheit erfordert, dass wir Menschen unsere Irrwege erst einmal bewusst wahrnehmen. Wir müssen uns also selbst wichtige Fragen beantworten: In welcher Weise und wann habe ich das gute Maß verlassen? Wo habe ich übertrieben? Wo habe ich mich in meinem Verhalten gegen das Leben – mein eigenes und das der anderen – entschieden? Daraus müssen wir Konsequenzen ziehen, um bei uns etwas zu verändern oder sogar eine Umkehr einzuleiten.

Das gute Maß liegt stets in der Mitte zwischen zwei Polen. Natürlich ist es schwer, immer die richtige Balance zu finden. Meistens pendelt der Mensch zwischen den Extremen hin und her und es gelingt ihm nur selten, die Mitte zu halten. Das rechte Maß führt ihn zu Tugenden, die sein Leben bestimmen. Es liegt ausgewogen zwischen Reden und Schweigen, zwischen Offenheit für Einsichten und der Unbeeinflussbarkeit, zwischen Demut und Selbstvertrauen, zwischen vorschnellem Entscheiden und abwägender Besonnenheit, zwischen vorurteilsfreiem Annehmen und klugem Unterscheiden, zwischen vorsichtigem Handeln und mutiger Zuversicht, zwischen innerer und äußerer Anspruchslosigkeit, zwischen »Flagge zeigen« und bewusster Zurückhaltung, zwischen Gleichmut und Liebe.

Der Mensch, der mit allen Stärken und Schwächen sein Leben zwischen diesen Polen gestaltet, braucht das gute Maß als Grundhaltung, damit er glücklich wird. Er kann lernen, im richtigen Augenblick das jeweils Richtige zu sagen, zu tun oder zu unterlassen. Dafür gibt es keine feste Regel, weil jede Situation anders ist. Um das rechte Maß zu finden, müssen wir vor allem auf unser Herz hören; denn Güte ist wichtiger als Gerechtigkeit. Wenn jemand etwas falsch gemacht hat, dann soll man zwar auf den Fehler hinweisen, dabei aber den Menschen, der ihn verursacht hat, nicht verletzen. Deshalb muss die Reaktion auf Fehler maßvoll sein – in der Arbeit und im Beruf ebenso wie in der Familie, bei Freundschaften und in der Kindererziehung. Es macht wenig Sinn, auf den einzudreschen, der den Fehler gemacht hat. Stattdessen sollten wir ihn lieber wieder aufrichten, um seine Entwicklung zum Besseren zu ermöglichen.

Das gute Maß ist der Schlüssel zum Leben – in Stärken und Schwächen, in Krankheit und Freude, im Glück und in der Trauer. Leben im rechten Maß gibt dem Menschen Frieden und innere Ruhe, eine wunderbare Perspektive fürs Alter! Der schönste Zustand, den ein Mensch erreichen kann, wenn er das richtige Maß für sein Leben gefunden hat, wird in allen Weisheitslehren mit dem gleichen Begriff beschrieben: heitere Gelassenheit.

Die dürre Maus

Die Klostergemeinschaft feierte ein großes Fest: Der Abt des Nachbarklosters war zum ersten Mal nach seiner Weihe zu Besuch gekommen. Alle Brüder freuten sich. Was Küche und Keller bieten konnten, wurde aufgeboten, und alle gaben ihr Bestes, denn dem neuen Abt sollte es an nichts fehlen.

Beim Festmahl im Refektorium saßen vorne am ersten Tisch der gastgebende Abt und sein frischgebackener Amtsbruder aus dem Nachbarkloster, dann der Reihe nach die Mönche, von den älteren bis zu den jüngsten. Während sie das Essen schweigend zu sich nahmen, las wie immer ein Mönch aus der Heiligen Schrift vor – und da passierte es: Unter dem Lesepult tauchte plötzlich eine Maus auf und lief kreuz und quer durchs Refektorium. Alle starrten gebannt auf das kleine Ungeheuer. Was für eine Peinlichkeit: eine Maus im Speisesaal! Aber so schnell, wie die Maus gekommen war, so schnell war sie auch wieder verschwunden.

Natürlich war die Maus im Speisesaal das Gesprächsthema des Tages. Bei der Brotzeit am Nachmittag entrüstete sich der Bruder Metzgermeister: »So etwas war noch nie da! Es ist eine Blamage – Ungeziefer in unserem Refektorium. Wir müssen uns schämen!« Auch die anderen Mönche beklagten den Vorfall und forderten, der Refektoriar solle sofort Mausfallen aufstellen, damit sich die Plage nicht weiter ausbreitete.

Da meldete sich ein alter, weise gewordener Bruder, der früher im Kloster als Pförtner tätig war, zu Wort: »War es eine recht dürre Maus?«

Verwunderung ringsum – keiner verstand, was er mit dieser merkwürdigen Frage meinte. Da sagte der alte Mönch mit einem Schmunzeln auf dem Gesicht: »Wir müssten uns nur dann genieren, wenn es eine dürre Maus gewesen wäre. Für eine dicke Maus brauchen wir uns nicht zu schämen. Sie ist ein Zeichen dafür, dass bei uns auch eine kleine Maus das Recht auf ein gutes Leben hat.«

Ohne Beziehungen ist das Leben leer

Ein vernünftiger Rhythmus im Leben kann nur entstehen, wenn der Mensch in Beziehungen lebt: mit sich selbst und mit anderen, mit der Natur und mit der Schöpfung. Das Leben im Alter ist oft schwierig, weil die Menschen zunehmend beziehungslos werden – ein Phänomen, das typisch ist für unsere »moderne« Gesellschaft, in der die Menschen trotz der überbordenden Kommunikationsmittel regelrecht vereinsamen. Dieser Prozess wirkt sich im Alter besonders schlimm aus, nimmt er doch seinen Anfang schon viel früher, gewissermaßen in den besten Jahren. Ob Jung oder Alt: Aus Meinungsumfragen ist bekannt, dass sich zwar alle nach guten Freunden sehnen, aber wenig dafür tun. Der Grund für dieses paradoxe Verhalten liegt wohl an der materiellen Überbetonung unseres Lebens. Denn Beziehungen kosten Zeit, Geld und Nerven, sie bringen Konflikte und müssen ständig neu »beackert« werden, weil sie sonst verdorren.

Die meisten verstehen unter Beziehungen den schnellen Kontakt zu Leuten, denen man auf Events und Partys – Bussi, Bussi – kurz die Hand schüttelt, mit ihnen ein paar belanglose Sätze wechselt und dann schon zum Nächsten weitereilt. Auf diese Art können Freundschaften nicht entstehen. Richtig bewusst wird manch einem das aber erst im Alter, wenn er ohne echte Freunde dasteht. Oft kommt dann die Erkenntnis zu spät, dass gute Beziehungen – im wahrsten Sinn des Wortes – unbezahlbar sind. Verbindungen, die nur auf einer materiellen Grundlage stehen – Versicherungen, Hausbesitz, Vermögen –, reichen den meisten Menschen im Alter nicht aus, um ein erfülltes Leben zu führen.

Eine überbetonte materialistische Einstellung ist der Tod für jede Beziehung, auch zu sich selbst. Viele Lösungsmodelle, die

heute vom Staat zur Bewältigung der zunehmenden Alterspro-
bleme angeboten werden, sind zwar gut gemeint, aber ziemlich
kalt und bedrückend, weil sie nur die materielle Versorgung im
Auge haben. Es fehlen wirksame Konzepte, die älteren Männern
und Frauen helfen, Beziehungen aufzubauen – mit der Folge,
dass sie häufig isoliert leben. Manche alte Menschen verlieren
sogar die Fähigkeit, Kontakte zu schließen, in Gemeinschaften
hineinzugehen, und fangen an, ihren Körper und ihre Seele allmählich zu vernachlässigen.

Beziehungen gelingen nur, wenn wir in einem ausgewogenen
Rhythmus leben. Sobald wir in eine echte Beziehung eintreten,
wird unsere Seele berührt. Dabei spielt es weniger eine Rolle, ob
diese Beziehung zu einem Menschen besteht oder zu einem Tier,
zu einem Stein, einem Baum, einem Schmetterling oder zum
Sternenhimmel. Eine Beziehung ist immer der Anfang der Transzendenz: Du überschreitest deine eigenen Grenzen. Menschen
sehnen sich danach, mit anderen Menschen, Dingen, Erfahrungen oder mit Gott in Beziehung zu treten. Wir spüren den Seelenrhythmus in dem Augenblick, wenn wir mit anderen »Seelen« eine Beziehung aufnehmen. Dann berührt das eigene
Innerste die Seele des anderen, es beginnt eine gemeinsame
Schwingung und so kann Einklang entstehen. Im Alleingang
lässt sich der Seelenrhythmus nur schwer erfahren.

Wer im Alter allein lebt, kann natürlich manchen Schwierigkeiten und Konflikten ausweichen, die sich aus der Gemeinschaft mit einem Partner, mit Familienangehörigen oder Freunden zwangsläufig ergeben. Wenn ein Mensch sich entschließt,
sein Leben mit einem oder mehreren Menschen zu teilen, muss
er bereit sein, sich einzuschränken, sich mit den anderen auseinanderzusetzen, Rücksicht zu nehmen. In einer Beziehung können wir unsere Schwächen nicht verstecken und müssen die Unzulänglichkeiten des anderen ertragen. Das geht nicht ohne

Kritik, Streit und Verletzungen. Dafür werden wir beschenkt mit der Freude, die der andere bereitet. Um Glück und innere Zufriedenheit zu erleben, braucht der Mensch Beziehungen – zu Menschen, zu Ideen, zu Gegenständen. Sich abzukapseln, ist nicht gut für die Seele.

Beziehungen leben davon, dass geteilt wird, sonst droht die Erstarrung. Wer sein Leibgericht immer alleine isst, wird die Freude nicht erleben, die entsteht, wenn er das Essen mit anderen teilt und gemeinsam genießt. Das Gleiche gilt für einen gemeinsamen Spaziergang, wenn wir gemeinsam Musik hören oder ein Bild betrachten. Viele Menschen in der westlichen Welt haben vergessen, was für ein hoher Wert es ist, miteinander zu leben und zu teilen, statt nur das eigene Ich zu pflegen.

Unzählige Beziehungen zerbrechen, weil diese Freude an der Gemeinsamkeit verloren gegangen ist.

Konflikt der Generationen

Mein Vater war Polier und unsere Mutter wollte immer gern Hebamme werden. Ich bin mit 13 beim Radetzky, einem Wirtshaus, schon Arbeiterin gewesen. Und da hing oben in der linken Ecke neben dem Eingang ein Kreuz. Bei dem bin ich gekniet und hab gebetet, dass die Mutter Hebamme werden kann. Sie hätte es werden können, wollte es dann aber nicht mehr. Aber der Glaube, dass Gott geholfen und meine Bitte erhört hat, der ist geblieben – weil sie hätte es ja werden können. Deshalb weiß ich: Der Mensch muss glauben, sonst geht er unter.

Lindenwirtin Josefine Wagner

Die erheblich wachsende Zahl alter Menschen stellt alle modernen Gesellschaften vor gewaltige Probleme, weil die staatlichen Sozialsysteme und die Gesundheitsfürsorge in eine finanzielle Schieflage geraten. Vieles deutet darauf hin, dass diese Länder auf einen Generationenkonflikt zusteuern – mit Konsequenzen, die heute niemand vorhersagen kann. In der Diskussion um die kommende Finanzkatastrophe im Gesundheitswesen wird erstmals sichtbar, dass den meisten Ländern sozialer Unfrieden droht. In Deutschland haben junge Politiker der älteren Generation den Fehdehandschuh bereits zugeworfen. Ihre Forderung, Hochbetagten bestimmte medizinische Leistungen nicht mehr zu bezahlen, war erst der Anfang. Zwar pfiffen die Parteioberen ihre politischen Grünschnäbel sofort zurück und gelobten den erschrockenen Senioren auch in Zukunft beste Behandlung im Krankheitsfall. Aber so überzogen die Äußerungen der Jungen auch waren: Sie treffen den Kern des Problems; denn der Weg in die Seniorengesellschaft der Zukunft wird erhebliche Konflikte zwischen den Generationen auslösen.

In den reichen Industrieländern ist in den vergangenen Jahrzehnten eine »Pampers-Gesellschaft« herangewachsen, die sich gegen alle erdenklichen Unwägbarkeiten des Lebens abgesichert hat. Jetzt müssen Alte wie Junge von vielen lieb gewordenen Annehmlichkeiten Abschied nehmen. Die Altersversorgung, die bestmögliche medizinische Betreuung, der Platz im Seniorenheim – das alles ist nicht mehr so sicher, wie bisher angenommen wurde. Der daraus resultierende Verteilungskampf wird sich zum großen Teil zwischen den Generationen abspielen und der sogenannte demografische Faktor, also die zahlenmäßig stark wachsende Altersgruppe über 60, könnte zum Pulverfass werden. Denn die Mehrheit der Bevölkerung – und das sind eines gar nicht so fernen Tages die Senioren – wird in völligem Einklang mit unseren demokratischen Regeln in den Rathäusern und Parlamenten das Ruder übernehmen und Gesetze schaffen, die ihre Rechte absichern und vermutlich die jungen Menschen enorm belasten. Es ist zu befürchten, dass die aktiv im Erwerbsleben stehenden Jüngeren diese Belastungen nicht tragen wollen – und nicht tragen können. Forderungen wie die, alten Patienten kein neues Hüftgelenk mehr zu bezahlen, werden sich dann ohnehin in Luft auflösen, weil sie in der Seniorengesellschaft gar keine Mehrheit finden. Und mit vielen anderen Entscheidungen dürfte es ähnlich sein.

Der Generationenkonflikt wird in Zukunft manche unfriedliche, schmerzhafte Überraschung bringen. Auch deshalb braucht unsere Gesellschaft dringend eine Reform, die das Altwerden nicht nur mit materiellen Angeboten begleitet. Die nachfolgende Generation übersieht gerne, dass sie die demografische Fehlentwicklung selbst mitverursacht hat: Viele der jungen Leute haben sich gegen das Kinderkriegen entschieden, weil sie ein vermeintlich schöneres Leben haben wollen; Kinder empfinden sie dabei offenbar als Einschränkung. Und die politische Führung setzt dieses einseitig materielle Denken fort: Der Staat, so fordern unsere Parlamentarier, braucht Kinder, sonst kann er in Zukunft sein Sozial- und Gesundheitssystem nicht mehr finanzieren – welch eine Geringschätzung der Kinder, die nur noch als Beitragszahler für die Staatskasse betrachtet werden.

Der Generationenkonflikt entsteht aus der Beziehungslosigkeit zwischen Jungen und Alten, die sich aufgrund der erkalteten Lebensweise immer mehr voneinander entfernen. Früher standen sich Kinder und Eltern, Enkelkinder und Großeltern, Freunde und Nachbarn näher als heute; auch alte Menschen wurden für vielerlei Tätigkeiten noch gebraucht und ins gemeinsame Leben einbezogen.

Die 1500 Jahre alte Ordensregel der Benediktiner sagt nichts über das Ende einer Berufzeit und den Eintritt in den Ruhestand aus. Der alternde Mönch bleibt im Beziehungsgeschehen, er wird nach der Grundregel »ora et labora« in der Gemeinschaft mit seinen Brüdern alt und beteiligt sich im für ihn rechten Maß am klösterlichen Leben. Und wenn ein Mönch nicht mehr in der Lage ist, zu arbeiten – beten kann er immer. So kommt den alten Mönchen die wichtige Aufgabe zu, dass sie mit ihren Gebeten die »spirituelle Festung« stärken, also das geistliche Leben der Gemeinschaft fördern. In der gegenwärtigen Gesellschaft wird diese Form des Alterns völlig ignoriert, dabei könnten viele alte Menschen mit ihren Erfahrungen wichtige spirituelle Beiträge für andere leisten. Doch diese geistig-religiöse Dimension wird unterschätzt, meistens belächelt und für überflüssig gehalten. Höchstens bei Taufen, Hochzeiten und Begräbnissen taucht die Bedeutung der Spiritualität wieder auf: Die beteiligten Menschen spüren eine innere Berührung, die sonst im Alltagsleben kaum noch wahrgenommen wird.

Wie kann in der Gegenwart der geistige Beitrag aussehen, den ältere Menschen sich selbst, aber auch der Gesellschaft geben können? Eine Antwort darauf ist schwierig. Auf jeden Fall müsste eine Rückbesinnung auf spirituelle Werte stattfinden. Doch das scheint heute kaum möglich zu sein, weil das Leben vieler Menschen einseitig in die andere, materielle Richtung gelaufen ist. Die festgefahrenen Grundhaltungen lassen sich nicht von heute auf morgen ändern – weder bei den Alten noch bei der nachrückenden Generation. In beiden Lagern scheinen die Zugänge zur Umkehr, zur Spiritualität verstopft zu sein. Dabei ist die Sehnsucht der Menschen nach Beziehungen vorhanden. Und es gibt viele Anzeichen, die Hoffnung machen. Wir versuchen in den folgenden Kapiteln, Wege aufzuzeigen, die aus der Resignation herausführen und vor allem die alten Menschen wieder zum Aufbau neuer Beziehungen ermutigen wollen.

Überflüssiger Streit

Zu Antons 50. Geburtstag war die ganze Verwandtschaft eingeladen. Die extra lange Tafel im Wohnzimmer reichte für die Stühle kaum aus und der Tisch war reich gedeckt. Es gab Kaffee und Streuselkuchen, Erdbeertorte mit Sahne, Nusshörnchen, zwei Dutzend Wurstsemmeln – dazu mehrere Karaffen mit Punsch, ein Fass Bier und zwei Flaschen Kräuterlikör. Die Männer tranken mit Begeisterung und hatten bereits am frühen Abend rote Gesichter. Sie ließen Anton jede halbe Stunde aufs Neue hochleben und sangen ständig lauthals »Happy Birthday«, bis schließlich Antons Frau Veronika einschritt. »Hört auf mit dem Quatsch«, wies sie die Sänger energisch in ihre Schranken.

Tante Hermine wollte von Anton wissen, was denn sein größter Geburtstagswunsch sei. Anton geriet gleich ins Schwärmen: »Ich hätte gern eine schöne Kutsche mit zwei Pferden, damit wir sonntags immer in die Natur hinausfahren können.« Der Gedanke an die Kutsche und der Alkohol, den er schon intus hatte, beflügelten seine Fantasie derart, dass er schon klare Vorstellungen von der Sitzordnung in der Kutsche hatte: »Ich sitze vorne auf dem Kutschbock und übernehme die Zügel, neben mir unsere Tochter Carmen und hinten sitzen meine Frau, unser Sohn Manuel und die Oma.«

Leider platzte Antons idyllische Vorstellung von einer Sekunde auf die andere wie eine Seifenblase, denn das elfjährige Töchterlein zerstörte den Lieblingswunsch ihres Vaters jäh. »Ich will nicht neben dem Papa sitzen«, quengelte Carmen, »sondern hinten bei der Oma.«

Der Anton wurde wütend: »Nix da!«, brüllte er, »du sitzt neben mir auf dem Kutschbock – und basta!«

Das Mädchen begann zu weinen, und plötzlich war eine heftige Diskussion in Gang, ob die kleine Carmen in der Kutsche vorne sitzen müsse oder ob sie nach hinten zur Großmutter dürfe. Der Streit wurde lauter und immer verbissener. Der Anton schrie mit hochrotem Kopf, dass in seinem Haus nur das gemacht werde, was er sagt – und dass die Tochter gefälligst zu parieren habe, sonst werde er ungemütlich.

Mutter Veronika nahm das schluchzende Kind in die Arme und tröstete es. »Sei doch nicht so hartherzig«, schimpfte sie ihren Mann, »und lass das arme Mädchen neben der Oma sitzen.« Aber jetzt war Anton nicht mehr zu bremsen. »Schluss jetzt«, brüllte er, »die Carmen setzt sich neben mich!«

Der Streit im Wohnzimmer wurde immer lauter. »Wir stimmen jetzt über die Sitzordnung in der Kutsche ab«, schlug der Onkel Heiner vor. Daraufhin hoben sämtliche Männer die Hand für den Vater und die Frauen waren einstimmig für Carmen, die am Ende mit 13 zu 9 Stimmen gewann und in der Kutsche neben der Oma sitzen durfte.

Anton knurrte noch ein wenig herum und spülte seine Niederlage mit einem dreistöckigen Kräuterlikör hinunter. Die gute Stimmung aber war verflogen. Inzwischen hoffen alle, dass Anton nicht im Lotto gewinnt und dann tatsächlich die zwei Pferde und die Kutsche kauft – dann fängt nämlich das Theater wieder von vorne an.

Familiäre Beziehungen tun gut,
auch wenn's manchmal kracht

Wir haben in schlechten Zeiten jeden Bissen Brot geteilt. Wenn mein Mann beim Schneeschaufeln war und dafür eine Jause bekam, hat er sie mit nach Hause gebracht, und wir haben sie gemeinsam gegessen. Das Leben muss man teilen, sonst geht man unter. Wir waren glücklich, weil wir gemeinsam an einem Strang gezogen haben und niemandem Unrecht tun wollten. Das Unrecht ist ein Luder, weil es nicht nur anderen schadet, sondern immer auch dem, der es tut. Das hat ja etwas mit Ehrlichkeit zu tun – damit lebt und schläft man am besten. Wir haben voreinander nichts versteckt. Und wir haben auch nicht mehr verbraucht als das, was wir gehabt haben.

Lindenwirtin Josefine Wagner

Familien waren zu allen Zeiten die intimste und wirkungsvollste Einrichtung, um Selbstbewusstsein und Verantwortungsgefühl, Disziplin und Kreativität, Beziehungsfähigkeit, Zuverlässigkeit, aber auch Nächstenliebe, Ehrfurcht vor anderen und vor der Schöpfung zu erlernen. Dieses traditionelle Familienmodell, so behaupten jedenfalls besonders moderne Zeitgenossen, habe sich überlebt. Kinderlose Ehen, alleinerziehende Mütter, Adoptionen durch gleichgeschlechtliche Paare – diese Beziehungen, die durchaus ihre Berechtigung haben, genießen heute oft einen höheren Stellenwert als die klassische Familie. Zusammenhalt wird nicht nur in den Städten schwieriger, sondern auch auf dem Land. Familien lösen sich mehr und mehr auf, was auch daran liegt, dass die Menschen immer mobiler werden und der Beruf sie in alle Himmelsrichtungen verstreut. Berufsnomaden sind einfach nicht mehr in der Lage, der pflegebedürftigen Mutter oder der kranken Schwester zu helfen, wenn sie 500 Kilometer entfernt wohnen. Dann müssen Pflegedienste, Altenheime und Kliniken vieles ersetzen, was früher innerhalb der Familien mit menschlicher Wärme und Nähe gelöst werden konnte.

Allerdings wäre es falsch, die »heile Familie« zu ideologisieren. Vielleicht gab es sie nie! Aber man sollte das traditionelle Modell auch nicht in die antiquierte Ecke stellen. Zu allen Zeiten gab es in den Familien Ärger, Zwist und Krach, doch es wäre der falsche Weg, deswegen einfach davonzulaufen. Menschen sind unvollkommen, auch in der Familie. Deshalb ist es für die eigene Entwicklung wichtig, familiäre Konflikte auszuhalten und mitzuhelfen, sie zu lösen. Eine Familie ist ein ideales Lernfeld für Beziehungen: Das Kind lernt, wie es gut mit dem gebrechlichen Großvater umgehen kann, es erlebt, wie rücksichtsvoll alle seine behinderte Schwester behandeln oder wie die Familie sich einschränkt, um eine finanzielle Notlage zu überstehen. In solchen Auseinandersetzungen lernen alle Familienmitglieder für ihr eigenes Leben – in Situationen, die mal ernst und mal lustig sind, mal nervig und ein anderes Mal voller Harmonie. Mit einem Augenzwinkern sagt eine alte Volksweisheit: »Der Begriff Familienbande hat einen Beigeschmack von Wahrheit.«

Natürlich gibt es außerhalb des traditionellen Familienverbundes auch andere Formen sinnvollen Zusammenlebens: Großfamilien, verwandtschaftliche Clans, Stammesgemeinschaften in unwirtlichen Gegenden der Erde, aber auch moderne WGs für alle Altersgruppen in Städten und auf dem Land. Immer ist die Frage entscheidend, was die Gemeinschaft zusammenhält.

Im alten Wien gehörte es zum sozialdemokratischen Lebensmodell, in jedem Wohnblock, der von der Gemeinde gebaut wurde, eine »sozialistische Zelle« einzurichten. Das war ein Gemeinschaftsraum, in dem nicht nur die Politiker ihre Reden hielten, sondern auch die Bewohner miteinander ins Gespräch kamen, sodass echte Nachbarschaftshilfe entstehen konnte. Zur damaligen Blütezeit der Wiener Sozialdemokraten hatten vermutlich diese »sozialen Zellen« wesentlich beigetragen. Inzwischen sind sie zu bedeutungslosen Leerräumen geworden – Menschen ohne Beziehungen brauchen keine Treffpunkte mehr.

Für Singles ändern sich die Werte

Ein Problem, das vor allem auch ältere Menschen betrifft, ist die zunehmende Vereinzelung, also das Leben als Single. Wenn sich ein Mensch – bewusst oder nach einem Schicksalsschlag wie dem Tod des Partners – ins Alleinleben zurückzieht, entwickelt er häufig egoistische Grundhaltungen, die weder ihm selbst noch anderen in seinem Umfeld guttun. Denn für Menschen, die allein leben, ändern sich auch die Werte. Singles sind meistens stärker auf sich bezogen als Menschen in Familien. Gleitende Arbeitszeiten, Schichtarbeit, die Auflösung des Sonntags, offene Geschäfte bis Mitternacht – sie stören den Single kaum, weil er beziehungslos ist und sich leicht von den Rhythmen lösen kann, in die eine Gemeinschaft eingebunden ist. Aber für Menschen, die in einem Verbund mit anderen leben, sind solche Entwicklungen gefährlich: Ordnung und Strukturen lösen sich auf, wenn jeder machen kann, was er will.

Die Vereinzelung der Menschen ist eine Folge ihrer Beziehungslosigkeit und ihrer Unfähigkeit, mit Schwierigkeiten fertig zu werden, die in ihrer Gemeinschaft auftreten, vor allem in der Zweierbeziehung. Die Ansprüche an den Partner sind häufig zu hoch, sodass selbst die einfachsten Alltagsprobleme schon Krisen auslösen. Die liegengelassenen Sachen, das Geschirr, das sich in der Küche türmt, der vergessene TÜV-Termin für das Auto – wie oft verursachen doch lächerliche Fehler einen Streit, der in Zornausbrüchen und Beleidigungen endet!

Dabei ist gerade im Alter eine stabile Zweierbeziehung von unschätzbarem Wert. Mann und Frau sind – trotz mancher Krisen und Konflikte – in ihrem langen Leben zusammengewachsen und können sich im Alter aufeinander verlassen. Sie ernten die Früchte eines Generationen übergreifenden Familienlebens, das geprägt ist vom Zusammenhalt und von der Fürsorge untereinander. Großeltern, Vater und Mutter, Kinder und Enkel wuchsen alle in gegenseitigem Vertrauen heran und halfen einander, wenn es Probleme gab. Manche belächeln heute dieses traditionelle Familienmodell, doch gerade im Vergleich zur gegenwärtigen Situation der Vereinzelung alter Menschen hatte es viele Vorteile: von der Betreuung der Babys bis zur Pflege der kranken Oma.

Aber wie kann man diese Beziehungslosigkeit mit ihren schlimmen Folgen für das Leben der Menschen ändern? Leider glauben die meisten Politiker und Wirtschaftsbosse, dass eine Verbesserung nur durch allerlei materialistische und finanzielle Neuerungen möglich ist. Sie übersehen dabei, dass der Mensch ein spirituelles Wesen ist, das für sich allein nicht leben kann. Er braucht Beziehungen, sonst verelendet er in seiner Isolation. Die unverbindlichen Kontakte reichen einfach nicht aus, die da und dort von privater oder staatlicher Seite angeboten werden. Es ist zwar durchaus sinnvoll, den Abend im Kreis einer Kegelrunde oder beim Konzertbesuch zu verbringen, aber diese unverbindlichen Beziehungen führen den Menschen nicht dauerhaft aus seiner seelischen Einsamkeit heraus. Erst wenn sein Tag, seine Woche, sein ganzes Leben eine Struktur bekommt, die ihn trägt, wird er in ein Beziehungsnetz eingebunden, das ihn aus der lähmenden Isolation befreit. Dazu gehört auch, sich mit Leuten zusammenzuraufen, die einem auf die Nerven gehen. Beziehungen sind nicht nur Friede, Freude, Eierkuchen, sondern ein permanentes Arbeitsfeld!

Vater, Mutter, Geschwister

Die Identität eines Menschen wurzelt in den Erfahrungen, die er als Kind gemacht hat. Die männlichen Eigenschaften werden zum Beispiel vom Vater wesentlich geprägt, die weiblichen Aspekte dagegen erfährt das Kind vor allem durch die Mutter. Wenn in einer »modernen« Familie die Mutter alleinerziehend ist oder durch irgendeinen Schicksalsschlag diese Bezugspersonen fehlen, ist es für das Kind schwer, später seine Identität als Mann oder Frau zu finden. Denn diese Erfahrungen kann man nur im konkreten Leben machen. Oft wird leider das Computer-Spiel oder der Fernsehapparat zum Ersatz für die Realität. Die bedingungslose Liebe der Mutter, das Angenommensein ohne Wenn und Aber, Rückenstärkung und Vertrauen in allen Situationen – solche Gefühle entstehen nicht vor dem Bildschirm, sondern nur mitten im Leben.

Von den Geschwistern lernen wir, dass es im Leben wichtig ist, zu teilen. Wer diese Erfahrung als Kind nicht macht, wird damit auch im Alter ein Problem haben. Wie stark die Kindheit den Menschen prägt, zeigen sogar jüngste Erkenntnisse bei Alzheimer-Patienten: Diese teilnahmslosen Menschen, die scheinbar ihre Umgebung nicht mehr wahrnehmen, zeigen plötzlich Reaktionen, wenn sie Lieder aus ihrer Kindheit hören.

Neue Familienformen

Scheidungen, das Zusammenleben ohne Trauschein, wechselnde Lebenspartner – in unserer modernen Gesellschaft finden sich immer häufiger bunt zusammengewürfelte Patchwork-Familien. Ein solcher Verbund ist nicht schlechter und nicht besser als traditionelle Familien, solange im Patchwork Klarheit herrscht:

Jeder muss wissen, wohin er gehört, auf wen er sich verlassen kann, wer in einer Notsituation sein vertrauter Ansprechpartner ist. Wenn im Patchwork die Rollen, die Bezüge und Verantwortlichkeiten nicht geordnet sind, endet die Gemeinschaft im Chaos. Denn ohne diese Klarheit kann das heranwachsende Kind seine Identität nicht finden – ein Zustand, der ein ganzes Leben lang, aber vor allem im Alter Probleme macht. Psychologen vermuten sogar, dass die oft besonders intensive Pflegebedürftigkeit alter Menschen damit zusammenhängt, dass sie als Säuglinge zu wenig Fürsorge und Zuwendung bekommen haben. Dann holt der Mensch als 80-Jähriger nach, was er am Anfang seines Lebens nicht erfahren hat.

Wie das Kind in der Patchwork-Familie, so brauchen auch alte Menschen einen festen Platz und vertraute Bezugspersonen. Wo dies nicht vorhanden ist, versinken die Alten in einer Beziehungslosigkeit, die dem Leben den Sinn nimmt. Die Ursachen dafür liegen meist weit zurück – in Lebensphasen, in denen die Menschen offenbar keine oder nur wenige Beziehungen hatten oder diese ungeordnet waren. Es lässt sich nicht beweisen, ist aber denkbar: Demenz könnte der späte Ausdruck früherer Unklarheiten sein. Wer es nie gelernt hat, in Beziehungen zu leben, und nicht wusste, wo man seinen Platz hat, für den ist das Dilemma im Alter fast unvermeidbar.

Unter diesem Aspekt verliert auch die inzwischen deutlich höhere Lebenserwartung an Wert, weil das Sterben nur zeitlich hinausgezögert wird. Das längere Leben ist dann ein äußerlicher Prozess – ziemlich freudlos, ohne neu gewonnene Würde, ohne spirituelles Wachstum. Der Leib bekommt ein paar Jahre geschenkt und wird versorgt, doch die Seele erhält keine Nahrung und verkümmert. Um den Vorteil eines längeren Lebens wirklich zu nutzen, müssen sich die Menschen frühzeitig darauf vorbereiten, und zwar indem sie sich einen vernünftigen Lebensrhythmus und eine spirituelle Grundhaltung schaffen und Beziehungen bewusst pflegen. Das ursprüngliche Familienmodell mit Vater, Mutter, Kindern und Großeltern wird von Traditionalisten gerne verklärt. In der Rückschau idealisieren sie eine »heile Welt«, die es aber so nicht gab. Doch diese Familien besaßen meistens eine Beziehungsstruktur, die allen geholfen hat, ihr Leben zu gestalten.

Barbara und ihre vier Nachnamen

Das Mädchen kam in Berlin zur Welt und wurde auf den Namen Barbara Hegenberger getauft. An der Freien Universität studierte sie später Psychologie und heiratete ihren Kommilitonen Hans Schmidt. So wurde aus »Babsi«, wie sie ihre Freunde nannten, Barbara Hegenberger-Schmidt. Nach drei Jahren machte sich der Ehemann allerdings aus dem Staub und Barbara fand bei einem polnischen Adeligen neues Glück. Der Mann trug den Doppelnamen Kraczowek-Czipolinsky. Angeblich entstammte er einem alten Raubritter-Geschlecht. Barbara heiratete ihn – und stand mit ihrem neuen Nachnamen bereits kurz vor dem Eintrag ins Guiness-Buch der Rekorde. Denn sie hieß jetzt Barbara Hegenberger-Schmidt-Kraczowek-Czipolinsky. Leider ging die Ehe nach vier Jahren in die Brüche.

Doch damit war die Odyssee noch nicht zu Ende: Vor einem Vierteljahr feierte Babsi mit ein paar Freundinnen in einem italienischen Restaurant den »Girl's Day« – und dabei erwischte sie ein bisschen zu viel Prosecco. Gegen Mitternacht kam es jedenfalls drunten im Heizungskeller zu einem Techtelmechtel mit dem charmanten Pizzabäcker. Und seitdem ist die Barbara schwanger. Albertini heißt der künftige Vater, und man darf gespannt sein, ob das Kind dann den Nachnamen Hegenberger-Schmidt-Kraczowek-Czipolinsky-Albertini tragen wird oder ob die werdende Mutter doch wieder zur Vernunft kommt.

Ein Erlebnis in der Toskana, wo Barbara kürzlich das Seminar »Suche deinen inneren Schmetterling« besuchte, hat sie jedenfalls nachdenklich gemacht. Als sie bei ihrer Ankunft in einem Hotel in Florenz an der Rezeption fragte, ob es noch freie Zimmer gebe, nickte der Portier und schob ihr ein Stück Papier hin. »Hier schreiben bittä Namen«, radebrechte er – und Babsi kritzelte in Blockbuchstaben aufs Papier: »Barbara Hegenberger-Schmidt-Kraczowek-Czipolinsky«. Der Portier las den Zettel und sagte freundlich: »Sollen bittä alle reinkommen – kriegen vier Einzelzimmer.«

Die unverbindliche »Bussi-Bussi«-Welt

Es gibt so viele Schwierigkeiten in Familien, weil Männer wie Frauen mit nur einem Partner nicht mehr genug haben. Die einen lassen sich scheiden, die anderen rennen davon – so ist das heute. Die Scheidung gehört zum Leben, sagen viele. Das kann ich nicht verstehen. Wenn ich noch einmal jung wäre, ich würde wieder meinen Mann nehmen – trotz allem, was wir miteinander mitgemacht haben.

Lindenwirtin Josefine Wagner

Beziehungen dürfen sich nicht in einer Scheinwelt abspielen, sondern müssen verbindlich sein. Typisch für unsere zunehmende Unverbindlichkeit sind die »Bussi-Bussi«-Beziehungen. Mit dieser oberflächlichen Form der Begrüßung wird lediglich ein Ritual angedeutet, das ursprünglich einmal eine tiefe Bedeutung hatte: die herzliche Begrüßung, bei der man den anderen berührte, umarmte und küsste. Damit wurde ausgedrückt, dass man zu ihm ein gute und herzliche Beziehung hat. Der heute übliche »Bussi-Bussi«-Kult täuscht dagegen eine Zuneigung vor, die in Wahrheit nicht besteht.

Das ist typisch für unsere Gesellschaft, die Äußerlichkeiten überbetont. Dies gilt auch für zahlreiche Probleme, die alte Menschen betreffen: Da wird über Verbesserungen geredet und vieles versprochen, aber richtig ernst nimmt man die Alten nicht. Dass man im Altenheim den Durchmesser der Kloschüsseln normiert, ist sicher nicht verkehrt, aber es verbessert das Leben der Senioren nicht wirklich. Politiker, hohe Beamte, Manager, Bürgermeister, das Pflegepersonal – sie alle wissen, dass die Wertschätzung alter Menschen mit den derzeitigen Bemühungen und Methoden bei Weitem nicht ausreicht, aber sie tun so als ob.

Alte Menschen brauchen stabile Beziehungen, doch die müssen möglichst frühzeitig entstehen. Unsere unverbindliche »Bussi-Bussi«-Welt ist nicht in der Lage, seelische Fundamente aufzubauen, die den Menschen auch im hohen Alter tragen. Mehr noch: Wegen ihrer geradezu inflationären Ausbreitung wird die Oberflächlichkeit zu einer Gefahr für echte Beziehungen, auf die man sich verlassen kann. Gerade für einen alten Menschen, der im Laufe seines Lebens unzählige Begegnungen mit anderen hatte, kann es höchst hilfreich sein, wenn er seine eigenen Beziehungen einmal kritisch unter die Lupe nimmt: Wie viele »Bussi-Bussi«-Beziehungen, in denen ich mein Leben übertünche und verdecke, habe ich selbst? Und wie viele meiner Beziehungen sind wirklich tief und helfen mir, mein Leben gut zu gestalten?

Bei so einer Bilanz ist es auch sinnvoll, seine eigene Grundhaltung zu überprüfen und sich zu hinterfragen, ob man nicht selbst längst in diese unverbindliche Welt eingestiegen ist und auf Äußerlichkeiten setzt. Unser Denken, Reden und Handeln sollen miteinander in Einklang stehen – Herz, Kopf und Mund müssen eins sein. Das gilt auch für die richtige Einstellung zu Nähe und Distanz, die sich darin ausdrückt, wie wir einen anderen Menschen begrüßen oder verabschieden. Es hat auch mit der Achtung der Würde des anderen zu tun, wenn ich ihm gegenüber in angemessener Weise Nähe und Distanz beachte. Mit »Bussi-Bussi« täusche ich eine Nähe vor, die wahrscheinlich gar nicht besteht. Warum also zur Begrüßung oder zum Abschied statt der vorgespielten Herzlichkeit nicht ein ehrlicher, normaler Händedruck?

Wo komme ich her, wo gehe ich hin?

Unsere Welt ist schön, aber voller Rätsel. So richtig wissen wir
immer noch nicht, ob wir von Adam oder vom Affen abstam-
men. Es ist in der Tiefe sogar ungeklärt, ob eine Schlachtschüssel das Leben wirklich verkürzt, wie die Mediziner behaupten, oder ob ihr Verzehr dem Menschen guttut, weil
dadurch Milliarden von Glückshormonen ausgestoßen werden, wie der »Philosoph« Johann Lafer aus der Fernsehküche
immer verkündet.
Zu allen Zeiten haben große Denker versucht, das Leben zu
erforschen, aber viel ist dabei nicht herausgekommen. Auch
Volksphilosophen zerbrechen sich gerne ihren Kopf über Gott
und die Welt. Der Franz ist zum Beispiel so einer. Er kehrte
kürzlich in ein Dorfwirtshaus ein. Und der Wirt, der den Gast
vorher noch nie gesehen hatte, fragte den Franz gleich neu-
gierig: »Wer bist denn du?«
Was für eine Frage! Sie beschäftigt die Menschheit seit Anbe-
ginn – und den Franz seit einigen Jahren.
»Guter Mann«, antwortete Franz auf die unerwartete Sinn-
frage des Lebens, »Sie stellen vielleicht Fragen! Wer bin ich?
Darüber zermartere ich mir seit Jahren den Kopf und komme
auf kein Ergebnis.«
Der Wirt schaute den Franz ganz erschrocken an. Der aber
grübelte weiter vor sich hin und setzte dann das Gespräch
fort: »Wer bin ich wirklich? Ich bin ein Mensch mit einem
vergänglichen Leib, aber mit einer unsterblichen Seele. Wer
weiß, wie oft ich wegen meines Karmas schon wiedergebo-
ren wurde; und was ich früher auf der Welt gewesen bin –
vielleicht ein Rhinozeros in Afrika oder ein Eichhörnchen im
Nachbargarten?«
Jetzt schaute der Wirt selbst wie ein Eichhörnchen, wenn es

donnert. »Ich wollte doch bloß wissen, wo Sie herkommen«, entschuldigte er sich bei seinem unbekannten Besucher.

Auweh! Mit dieser Frage hatte er schon wieder mitten ins spirituelle Zentrum des Gastes hineingetroffen.

»Wo ich herkomme?«, sinnierte der Franz erneut und richtete seinen Blick hinauf zur Decke. »Wenn ich das wüsste, säße ich nicht hier, sondern wäre Professor und hätte den Nobelpreis bekommen, weil ich dann die Welt enträtselt hätte.«

Wer bist du, wo kommst du her? Der Wirt beendete daraufhin den philosophischen Höhenflug seines Gastes mit einer ganz grobstofflichen Frage: »Willst ein Bier?«

Über Franz' gequältes Gesicht ging ein entspanntes Lächeln. Dann stellte der Wirt ihm eine frische Halbe auf den Tisch – und der Franz spülte seine ungeklärten Fragen über das Woher und Wohin mit einem kräftigen Zug aus dem Bierglas hinunter. Ja, ein kühles Bier kann manchmal sogar den stärksten Wissensdurst nach existenziellen Fragen löschen.

Freude an der Arbeit

Für die meisten erscheint Arbeit als furchtbare Last. Aber man
darf die Arbeit nicht als Arbeit empfinden, sondern als Selbst-
verständlichkeit, die zum Leben gehört.

Lindenwirtin Josefine Wagner

Viele Menschen haben ein falsches Verhältnis zum Beruf und
zur Arbeit. Einerseits gibt es die Sehnsucht nach einer erfüllen-
den Tätigkeit, andererseits empfinden viele die Arbeit als stres-
sig, als zu anstrengend und schlecht bezahlt. Ärger mit dem Chef
und mit Kollegen, Mobbing, Überstunden, nicht selten auch
Schichtarbeit in der Nacht oder am Wochenende – kein Wunder,
dass sich immer mehr berufstätige Frauen und Männer den Ruhestand herbeiwünschen. Sie sehen in ihrer Arbeit keinen Sinn
mehr; allein die finanzielle Entlohnung zwingt sie weiterzuma-
chen. Viel zu selten trifft man noch Menschen, die mit Begeisterung ihre Arbeit verrichten und sich morgens freuen, wenn sie in
ihre Firma gehen.

Was die Arbeit oft als sinnlos und bedrückend erscheinen lässt,
ist die Fremdbestimmtheit: Der Mensch fühlt sich nur noch als
Teil eines anonymen Räderwerks, das möglichst störungsfrei und
effizient laufen soll. Das entfremdet ihn von der eigentlichen Aufgabe, die er nicht mehr in ihrer Ganzheit überschaut. Sie ist
durchorganisiert bis ins letzte Detail und alles zielt allein aufs materielle Endprodukt. Mit dieser Fixierung auf das reine Ergebnis
ist die Arbeit leider kein sinnvoller Bestandteil mehr im Lebensrhythmus des Menschen. Viele erledigen ihren Job, ohne dazu
eine innere Beziehung zu haben. Im Finanz- und Bankgeschäft
ist diese Beziehungslosigkeit besonders ausgeprägt.

Arbeit und Beruf sind wichtig, weil wir Menschen damit in
erheblichem Maß unser Leben gestalten. Deshalb ist es ein Irr-

weg, diesen Bereich aus unserem Leben herauszulösen und ihn ausschließlich unter die Gesetze von Optimierung und Effizienz zu stellen. Dieser verhängnisvolle Bruch führt dazu, dass die Menschen Arbeit nur noch als Geldbeschaffung empfinden – für sich selbst oder für ihre Firma.

Dabei ist Arbeit ein geistiger Prozess, in dem sich der Mensch in seiner Persönlichkeit entwickeln und entfalten kann. Der Wert der Arbeit liegt vor allem darin, dass sie für den Menschen eine Chance ist, seine Fähigkeiten schöpferisch zu verwirklichen. Durch die Zusammenarbeit mit Kollegen, zu denen wir Beziehungen aufbauen, können wir uns auch sozial entfalten. Das Miteinander in der Werkstatt, der eigene verantwortungsbewusste Beitrag zum Ganzen, das Gespräch mit anderen, das Ausruhen in der Pause – wer Arbeit richtig versteht, erhält dafür einen Lohn, der nicht nur aus Geld und Urlaub besteht. Dass dann sogar besser, fehlerfreier und effizienter gearbeitet wird, weisen viele Untersuchungen nach. Und weil nicht alle Mitarbeiter die gleichen Fähigkeiten besitzen, muss sich ein Team gut aufeinander einstellen und auf Schwächere, Langsamere, Eigenbrötler, vielleicht auch auf Jähzornige oder Drückeberger Rücksicht nehmen. Das erfordert Kreativität und Gemeinsinn – wenn wir solche Werte entwickeln und Schwierigkeiten bewältigen, können wir in unserer Arbeit einen Sinn erfahren. Tarifliche Regeln und eine exakt vorgeschriebene Organisation reichen meist nicht aus, um Störungen und Fehler zu verhindern.

Eine Folge der zunehmenden Entfremdung von der Arbeit ist auch, dass manche Menschen ständig die Firma wechseln. Wenn Geld und Karriere wichtiger sind als die Erfüllung in der Arbeit, dann ist das Angebot, woanders ein paar Euro mehr zu verdienen, für Berufsnomaden verlockend genug, um weiterzuziehen. Diese raschen Wechsel scheinen auch niemanden zu beunruhigen, denn die Austauschbarkeit von Mitarbeitern ist längst zum Normalfall geworden. Den meisten Menschen ist gar nicht mehr bewusst, dass sie wie Schachfiguren hin- und hergeschoben werden. Der Selbstwert des Einzelnen scheint keine Rolle mehr zu spielen und sein Gefühl für eine sinnvolle Tätigkeit wird mehr und mehr zerstört.

Die Rentner könnten sich zurücklehnen und sagen: »Na gut, so war es auch bei mir. Aber jetzt ist Gott sei Dank alles vorbei, weil ich diese unerfreuliche Arbeitsphase endlich hinter mir habe«. Doch dabei vergessen sie, dass die frühere Einstellung zur Arbeit falsch war und dass die Spätfolgen auch in den Ruhestand hineinwirken. Wer die Arbeit während der Berufszeit materiell überbewertet hat, läuft Gefahr, im Alter gierig und geizig zu werden, alle möglichen Gegenstände anzusammeln in der Annahme, dass er sie eines Tages vielleicht brauchen kann. Es sind allein materielle Interessen, von denen sich solche Menschen im Alter leiten lassen. Ihr Leben hat keine geistige Perspektive, weil sie erstarrt und gefangen sind in ihrer Ausrichtung auf Äußerlichkeiten. Geld, das Auto, der Urlaub, die Rundum-Versicherung des Lebens – mehr scheint sie nicht zu interessieren! Sie beschäftigen sich fast nur mit sich selbst, mit ihrer finanziellen Sicherheit und ihrer Angst vor Krankheiten. Vielen fällt dabei gar nicht auf, dass sie ihr früheres Leben, in dem sie wegen der sinnentleerten Arbeit keinen guten Rhythmus finden konnten, im Alter unverändert fortsetzen – bloß mit dem Unterschied, dass sie nicht mehr ins Büro oder in die Werkstatt gehen müssen, um Geld zu bekommen, aber ansonsten bleibt alles gleich.

Um dieser Enttäuschung zu entgehen, sollte der Mensch bereits in seiner aktiven Berufzeit anders leben und frühzeitig seine Einstellung zur Arbeit überdenken. Doch auch im Alter ist es dafür nicht zu spät. Die Beschäftigung mit geistigen Dingen, äußere und innere Bewegungen und der Aufbau neuer Beziehungen können helfen, von der einseitigen Überbetonung materieller Güter loszukommen. So kann der Mensch seinem Leben eine neue Perspektive geben. Ohne diese spirituelle Haltung wird das Alter unerträglich.

Blumentöpfe für die armen Seelen

Das Leben der Nonne Leonarda war geprägt von der Hingabe an Gott und die Menschen. Sie hat mit Freude gelebt und ist mit Heiterkeit gestorben.
Bis ins hohe Alter arbeitete Schwester Leonarda in der klösterlichen Landwirtschaft. Als ihre Kräfte nachließen – sie war schon weit über 80 –, arbeitete sie immer noch im Garten. Vor dem Gartenhaus sah man sie oft mit einer großen Wanne voll Wasser sitzen – darin alte Blumentöpfe, die sie voller Hingabe mit einer Wurzelbürste schrubbte. Dabei pfiff und sang sie. Und wenn sie einen Topf fertig geputzt hatte, stellte sie ihn zum Trocknen in die Sonne und sagte im Selbstgespräch: »98 arme Seelen ... 99 arme Seelen ... 100 arme Seelen.«
Als sie von einem Besucher gefragt wurde, was sie da mache, antwortete Leonarda: »Ich habe mit Gott einen Vertrag: Jedes Mal, wenn ich einen Blumentopf sauber gewaschen habe, wird Gott, der Herr, eine Seele aus dem Fegefeuer erlösen. Heute sind es schon 104.«

Beziehungen im sozialen Engagement

Es ist im Leben wichtig, dass man mit allen Menschen gut aus-
kommt. Das schont die eigenen Nerven. Aber du kannst nicht
mit jedem gut auskommen, dann musst du weggehen.

Lindenwirtin Josefine Wagner

Millionen Menschen aller Altersgruppen engagieren sich land-
auf, landab freiwillig für gemeinnützige Ideen. Auch für ältere
Menschen kann ein soziales Engagement zu einer echten Berei-
cherung ihres Lebensabends werden, weil sie etwas sehr Sinnvolles tun und zugleich neue Beziehungen leben können. Noch besser ist es natürlich, damit nicht erst im Alter zu beginnen, sondern
schon in jungen Jahren. Doch auch im Ruhestand ist es sinnvoll,
sich für andere einzusetzen. Wer allerdings früher keine solchen
Erfahrungen gemacht hat, tut sich als alter Mensch oft schwer,
freiwillig soziale Aufgaben zu übernehmen. Trotzdem sollte sich
niemand entmutigen lassen, wenn auch mal Schwierigkeiten
auftauchen und man sich fragt, ob man sich ohne Not in solche
Aufgaben hineinbegeben soll – es lohnt sich.

Zwar wird oft behauptet, die meisten – oft auch betagten –
Menschen seien »satt« und egoistisch, ihnen sei das Schicksal anderer, das Eintreten für Ideale oder die Mithilfe in Vereinen und
gemeinnützigen Projekten egal. Doch erfreulicherweise sieht die
Wirklichkeit ganz anders aus: Fast jeder Dritte über 14 Jahren
hierzulande engagiert sich ehrenamtlich, in Deutschland sind es
insgesamt 24 Millionen. Und fast noch einmal so viele Menschen
haben laut Umfrage signalisiert, dass sie ebenfalls dazu bereit
seien. Allein der finanzielle Wert, der hinter diesem Freiwilligen-
Heer steckt, ist immens. Ob Hospiz-Einsatz für Sterbende oder
die Mitarbeit im örtlichen Fußballclub, ob in der Vorstandschaft
des Schützenvereins oder beim Engagement in Kirchen und Ge-

werkschaften: Die ehrenamtlichen Helfer »schenken« der Gesellschaft und ihren Mitmenschen Zeit, Ideen, Hilfe – und Geld. Für ältere Menschen ist das ein geradezu ideales Betätigungsfeld, in das sie ihre reichen Erfahrungen und ihr Wissen einbringen können. Ein wunderbares Beispiel gab es kürzlich in einem bayerischen Altenheim: Dort haben die Senioren für ihre Stadt historische Dokumente »übersetzt«, die noch in der alten Kurrentschrift verfasst waren. Junge Leute haben diese spezielle Schrift nicht mehr erlernt, doch die betagten Heimbewohner waren in der Lage, sie zu entziffern.

Manchmal hat man allerdings den Eindruck, dass der Staat und die Öffentlichkeit solche »Geschenke« nicht richtig schätzen. Denn oft genug müssen sich die Bürger für ihre unentgeltlichen Leistungen mit der Bürokratie – vom städtischen Ordnungsamt bis zum Finanzbeamten – herumschlagen, weil ihr Engagement zahllosen Gesetzen, Verordnungen und Vorschriften entsprechen muss, sonst gibt es Ärger.

Leider bremst der Staat diese Freiwilligenarbeit häufig mit Überregulierungen und nicht selten wird der persönliche Einsatz engagierter Menschen für bestimmte Ideen sogar belächelt, vor allem dann, wenn sich die Initiative direkt gegen staatliche Anordnungen richtet. Bürgerinitiativen gegen neue Autobahntrassen, der Protest gegen eine geplante Flussbegradigung – in allen Städten und Dörfern gibt es Beispiele dafür, dass engagierte Männer und Frauen mitreden und mitgestalten wollen. Manchmal ist ein Konflikt mit den Behörden vorprogrammiert, aber das sollte niemanden entmutigen.

Vielleicht kann gerade in solchen Konfliktfällen die Lebenserfahrung älterer Mitbürger helfen, drohende Streitigkeiten frühzeitig beizulegen und geplante Projekte in die Tat umzusetzen. Soziales Engagement ist häufig auch mit Krisen und Konflikten verbunden, und es braucht viel Kreativität, um die Probleme lösen zu können. Erfahrung und Gelassenheit helfen dann oft mehr als die ungestümen Protestaktionen junger Leute.

Im Ehrenamt übernehmen Bürger die Mitverantwortung für andere, ohne die Hand aufzuhalten. Ihr »Lohn« besteht aus innerer Zufriedenheit und dem guten Gefühl, etwas Sinnvolles zu tun. Für ältere Menschen ist die Erfahrung, dass sie gebraucht werden und Beiträge für die Gesellschaft leisten, besonders wichtig. Allerdings haben manche Politiker die Bedeutung dieser sensiblen Hilfsbereitschaft offenbar nicht begriffen, wenn sie sich für die Entlohnung der Freiwilligenarbeit in harter Währung stark machen und sich damit den Ehrenamtlichen anbiedern. In Bayern ist kürzlich das Modellprojekt »EhrenamtsCard« angelaufen: Wer sich in Vereinen oder für gemeinnützige Ideen engagiert, bekommt eine Rabattkarte, mit der er in seiner Region günstig einkaufen kann. Damit sollen möglichst viele Menschen für ehrenamtliches Engagement begeistert werden. Auf den ersten Blick eine interessante Idee. Vereinsvorstände und Platzwarte, Kassenrevisoren und Jugendbetreuer fahren in öffentlichen Verkehrsmitteln zum halben Preis, lassen sich beim Frisör die Haare billiger schneiden und können in rund 500 Geschäften – vom Apotheker bis zum Bäcker – günstiger einkaufen. Sogar die Autohändler machen mit und belohnen Ehrenamtliche mit einem Sonderrabatt.

Doch viele sehen darin nicht nur ein gut gemeintes Beispiel für eine neuartige »Kultur der Anerkennung«, sondern betrachten die Rabattkarte mit gemischten Gefühlen, weil damit das ideelle Engagement an ein materielles Entlohnungssystem gebunden wird. Auch mit Blick auf ältere Mitbürger wäre eine Förderung in ganz anderer Form klüger: zum Beispiel eine vernünftige Absicherung bei Haftungsrisiken und Schadensfällen oder die Entbürokratisierung der Vereinsarbeit. Zum sozialen Engagement passt die Entlohnung in Euro und Cent nicht, die

ideelle Leistung Ehrenamtlicher braucht eher eine »weiche«
Währung: innere Zufriedenheit, Erfüllung, Freude über den Erfolg, der sich auch dank eigener Mithilfe einstellt, oder das gute
Gefühl, dass man sein Erfahrungswissen sinnvoll weitergeben
konnte.

Satzung oder Wimpel

Im Dorfwirtshaus ging es hoch her. Das Schafkopf-Turnier
war seit einer Stunde zu Ende und der Helmut hatte mit seiner Siegerprämie von 100 Euro gleich ein Fass Bier für alle
spendiert. Die Stimmung hätte nicht besser sein können.
Dann packte der Max die Gitarre aus und sie sangen ein Lied
nach dem anderen. Der Wirt hatte große Mühe, die Kehlen
der Sänger mit Bier feucht zu halten. In dieser fröhlichen
Runde schlug der Max den anderen vor, einen Gesangverein
zu gründen. »Dann treffen wir uns einmal pro Woche hier im
Wirtshaus und singen miteinander«, sagte er. Alle waren von
dieser Idee auf Anhieb begeistert.
Der Kaminkehrer, der im Kegelverein als Kassenprüfer über
langjährige Erfahrungen im Vereinswesen verfügte, erhob sich
von seinem Stuhl und klopfte mit einem Messer an sein Bierglas, damit es im Saal ruhig wurde. »Männer«, verkündete er,
»wenn wir einen Verein gründen wollen, brauchen wir als Erstes eine Satzung.«
Weiter kam er nicht, weil die Männer an den hinteren Tischen
laut dazwischenriefen. »Als Allererstes brauchen wir einen
Wimpel«, forderten sie, »damit wir ihn auf den Stammtisch
stellen können, wenn wir zusammensitzen.«
Satzung oder Wimpel – an dieser Frage erhitzte sich die Dis-

kussion. Es ging laut hin und her, alle brüllten durcheinander, und das Freibier befeuerte den Streit zusätzlich. Die Wirtsstube spaltete sich in zwei Lager: Die einen waren für die Satzung, die anderen für den Wimpel. Beinahe wären Fäuste geflogen, wenn nicht wer dazwischengegangen wäre. Er kündigte an, dass er zur Versöhnung ein weiteres Fass Freibier anstechen werde, und so kehrte zwischen den Streithähnen wieder Frieden ein.

Gesellschaftliches Engagement ist manchmal nicht einfach zu organisieren, aber man darf sich nicht entmutigen lassen. Auch die Gründung eines Gesangvereins braucht Geduld. Sie ist jedenfalls wegen der nach wie vor geteilten Meinungen, ob nun Satzung oder Wimpel wichtiger wäre, noch immer nicht vollzogen worden.

Beziehungen zur Natur und zur Schöpfung

Wenn du einen Baum anschaust, dann weißt du, wie das Leben des Menschen ist. Am Anfang gibt es einen Haufen Scherereien, bis du den Baum zu einer bestimmten Größe aufgepäppelt hast. Dann wächst er von selbst weiter, aber irgendwann ist er alt und hat seinen Dienst getan – das gehört zum Leben. Zum Schluss wird der Baum verheizt, aber das hat auch noch einen Sinn.

Lindenwirtin Josefine Wagner

Obwohl die Sehnsucht, mit der Natur in Einklang zu leben, groß ist, haben in unserer modernen Welt viele Menschen ihre Beziehung zur Schöpfung weitgehend verloren. Doch die Schöpfung steht in engem Zusammenhang mit dem eigenen Leben: Der achtsame Umgang mit Pflanzen und Tieren, mit Wasser und Erde tut dem Körper und der Seele gut. Auch der alte Mensch kann daraus Kraft und Harmonie schöpfen. Wer die Natur missachtet, zerstört auch in sich die Balance. Unsere Essensgewohnheiten sind dafür ein Beispiel aus dem Alltag. Gerade im Alter – noch dazu, wenn man allein lebt – ist es verführerisch, sich mit möglichst geringem Aufwand zu ernähren. Kein Wunder also, dass viele Senioren Fertigsuppen schlürfen, die ihren Geschmack ausschließlich künstlichen Aromastoffen, Farbbeimischungen und Geschmacksverstärkern verdanken. Solche Nahrungsmittel führen dem Menschen zwar Kalorien zu, aber wenig Energie – und sie können der Gesundheit langfristig sogar schaden. Die »naturidentischen« Zutaten, die zur Kennzeichnung auf die Verpackungen gedruckt werden, erweisen sich meistens als Schwindel; es wird Natur vorgegaukelt, obwohl davon nichts darin enthalten ist. Diese Pseudo-Natur hat keine Kraft, deshalb sehnen sich immer mehr Menschen nach Echtem: nach »Lebens«-

Mitteln, die vor allem den im Alter schwächer werdenden Leib stärken.

Mit und aus der Natur zu leben, ist offenbar ein wachsendes Bedürfnis. Statt Fertiggerichte oder exotische Speisen zu essen, wenden sich auch immer mehr ältere Menschen schmackhaften und natürlichen Nahrungsmitteln zu, kochen nach heimischen Rezepten und mit Zutaten aus der Region. Natürlich gibt es nach wie vor Fast-Food, Pizza oder Schickimicki-Restaurants mit Sushi und Hummer, aber der Trend geht zur regionalen Küche mit bunten Salaten aus dem Garten, Fleisch und Eiern direkt vom Bauernhof, Pilzen und Kräutern aus den heimischen Wäldern. Fisch, Fleisch, Obst und Gemüse aus regionalen Betrieben stammen aus einer glaubwürdigen Nahrungskette und brauchen keine langen, teuren und für die Tiere oft quälenden Transporte durch die halbe Welt, bis sie in unseren Töpfen landen. Sogar auf steifen Stehempfängen und Partys sind neuerdings nicht mehr Krebsschwänze oder thailändische Shrimps die Attraktion, sondern immer öfter deftige Schmalzbrote, die vom Bauernhof nebenan geliefert werden.

Der unmittelbare Zugang zur Natur gibt dem Menschen auch den direkten Zugang zu sich selbst zurück. Selbstverständlich ist die Natur nicht nur ein Paradies, sondern kann auch brutal und grausam sein. Aber trotz aller Katastrophen spüren die Menschen das Gute in der Schöpfung und vertrauen ihrer universalen Ordnung. Daraus erklärt sich auch die zunehmende Rückkehr zu den Urkräften des Lebens, unsere Erfahrungen mit Edelsteinen und Bäumen, mit Erde und Wasser. Immer mehr Menschen entschließen sich zum Wandern, weil sie dabei eine neue Beziehung zur Erde spüren, Wasser wird zunehmend auch als Symbol für Reinigung und Heilung erfahren. Moderne Tourismusbetriebe nutzen längst die spirituellen Eigenschaften der Naturkräfte, um die Sehnsucht der Urlauber nach ursprünglichem Leben zu erfüllen.

Auch im eigenen Garten beachten junge wie alte Menschen mehr und mehr den Rhythmus der Natur. Sie säen, pflanzen und ernten nach dem Mondkalender, pflegen ein eigenes kleines Kräuterbeet und verzichten auf aggressive chemische Spritzmittel gegen »Ungeziefer«. Der achtsame Umgang mit der Natur tut ihnen gut. Wer keinen Garten besitzt, versucht sogar, die Beziehung zur Natur auf dem Balkon oder dem Küchenfenster herzustellen: mit Basilikum und Salbei, mit Zitronenmelisse und Thymian, um stets ein paar frische Kräuter parat zu haben.

Ein anderes Beispiel für die oft unbewusste Rückkehr zur Natur sind die Bäume. Viele Menschen denken über ihre eigene Ähnlichkeit mit der Eiche, der Weide oder Buche nach und versuchen, eine innere Beziehung zum Baum herzustellen – zu seiner mythologischen Bedeutung, zur gewachsenen Form, zur Härte seines Holzes, zu seinen Säften, die oft heilende Substanzen gegen Krankheiten enthalten. Dahinter steht der Wunsch, im Einklang mit der Natur zu leben – nicht ohne sie, schon gar nicht gegen sie. Wahrscheinlich suchen die Menschen in der Natur das Spiegelbild ihrer selbst. Diese unmittelbare Beziehung wirkt gerade im Alter wie Balsam für den Körper und die Seele.

Dazu gehört auch, sich ganz bewusst den Ereignissen der Schöpfung auszusetzen: dem nächtlichen Sternenhimmel, dem Gesang der Vögel, einem Gewitter mit Blitz und Donner, dem prasselnden Regen, dem Tosen der Wellen, die das Meer an die felsige Küste wirft, der Stille auf einer Bank am Waldrand. Im Alter hat der Mensch wahrscheinlich einen besseren Zugang zu solchen Erlebnissen als früher, weil er dank seiner großen Lebenserfahrung Ehrfurcht vor der Schöpfung entwickeln konnte.

Die Ruhebank hinterm Haus oder das Internet

Vor Hans' Häuschen am Dorfrand stand eine schattige Bank. Da saß der Rentner immer, wenn abends um sechs vom Kirchturm die Glocken herüberläuteten. Er schaute über die Wiesen hinüber zum Wald, freute sich am Gezwitscher der Vögel und dachte an nichts – was gar nicht so leicht ist. Links neben ihm auf der Bank schlief sein Dackel, der manchmal mit seinen vier kurzen Beinen zuckte – wahrscheinlich, weil er im Traum gerade einen Hasen verfolgte –, und rechts neben dem Hans stand in Griffweite ein Zinnkrug mit einer Halben Bier.

Eines Abends kam der Nachbarsohn auf seinem Motorrad angebraust und bremste vor der Bank. Aus seiner Lederjacke kramte der junge Mann ein Handy heraus und hielt es Hans vor die Nase. »Da schau«, sagte er stolz, »das habe ich mir heute gekauft.« Weil aber der Hans nicht gleich in einen Begeisterungssturm ausbrach, drückte der frischgebackene Handy-Besitzer auf ein paar Tasten – und auf einmal hörte man das Trällern einer Lerche. »Täusch dich aber nicht«, grinste er den Hans an, »der Vogel sitzt nicht auf einem Baum, sondern in meinem Handy. Das Zwitschern habe ich nämlich als Klingelton einprogrammiert.«

Der Hans lud den Nachbarsohn ein, er solle sich doch mit zu ihm auf die Bank setzen. »Dann kannst du die Lerche auch ohne Handy hören«, bot der Hans an. Aber der flotte Motorradfahrer winkte ab. »Keine Zeit«, erklärte er, »ich fahre wieder heim und surfe lieber im Internet.« Er musterte Hans mitleidig. »Du solltest dir auch endlich einen Computer kaufen, sonst zieht die Welt sinnlos an dir vorbei«, sagte er. Der Hans erwiderte, so eine Bank sei doch auch nicht schlecht, weil das Leben ein bisschen langsamer werde. Er zeigte mit der rech-

ten Hand zur Wiese und zum Wald. »Ganz dahinten, das ist der Schneeberg«, sagte er. Aber darüber konnte der Nachbar nur lachen. »Im Internet«, erklärte er, »bin ich mit der ganzen Welt verbunden, sogar mit dem Himalaya, wenn ich will. Da ist dein Schneeberg ein Dreck dagegen!« Er ließ sein Motorrad wieder an und wandte sich noch einmal an den Hans: »Mit meiner Soundcard kann ich mir jeden Vogel der Welt aus dem Internet herausholen, sogar einen Papagei, wenn ich will ...« Dann fuhr er mit Vollgas davon.
Der Hans saß auf seiner Bank und schaute dem Motorrad hinterher. Zum Glück war noch ein Schluck Bier im Krug. Als der Hans den Zinndeckel etwas zu laut zuklappte, hörte eine Lerche erschreckt für einen Moment auf zu singen, trällerte aber gleich wieder weiter. Und sein Dackel war im Schlaf auch schon wieder hinter einem Hasen her.

Die Beziehung zu sich selbst

*Als wir meinen 100. Geburtstag gefeiert haben, war ich froh
und glücklich – wie man das mit 100 eben sein kann. Ich bin
zufrieden mit dem, was ist. Ich habe auch keinen Grund für
Gram, der macht krank. Ich muss dankbar sein, dass ich jeden
Tag aufstehen und arbeiten kann, ein bisschen wenigstens. Die
Füße wollen nicht mehr so richtig. Wenn ich bis zum anderen
Haus komme, ist das genug. Aber bald kommt der Frühling –
und vielleicht geht es dann wieder besser.*

Lindenwirtin Josefine Wagner

Achtsamkeit ist ein Grundprinzip des Lebens – das gilt auch für
den eigenen Körper und die Seele. Vor allem der alte Mensch
sollte sich aufgrund seiner Erfahrungen bewusst sein, dass er ein
spirituelles Wesen ist, das zu sich selbst eine achtsame Beziehung braucht. Besonders wichtig dabei ist, dass er die Zusammenhänge wahrnimmt, die im Inneren geschehen. Die körperliche, seelische und geistige Ebene sind keine voneinander
getrennten Welten, sondern stehen in enger Beziehung zueinander; was auf der einen Ebene geschieht, hat auch Folgen für
die anderen beiden. Durch die Selbstwahrnehmung kann der
Mensch viele dieser Zusammenhänge erkennen und daraus
Hinweise für sein Leben erhalten. Zum Beispiel brauchen wir
Menschen eine vernünftige Balance zwischen Selbstverachtung
und Hypochondrie. Selbstmissachtung bedeutet: Ich bin nichts
wert. Und der Hypochonder will nur um sich selbst kreisen
oder immer im Mittelpunkt stehen. Dieses ständige Pendeln
zwischen den beiden Extremen ist eine gefährliche Basis für die
Selbstzerstörung.

Eine andere Verlockung, der wir häufig Beachtung schenken,
ist unser Ego. Die Sorge um das eigene Ich wird dann zerstörend,

wenn wir sie zum Egoismus werden lassen. Dann will der Mensch alles besitzen und alles können – ein Ding der Unmöglichkeit. Deshalb ist es gut, die eigenen Grenzen zu beachten, denn damit stärkt man auch den Respekt vor sich selbst. Wer seine eigenen Grenzen nicht akzeptiert, missachtet seine Persönlichkeit. Das hat auch mit Stolz und Demut zu tun. Im Stolz kann sich niemals ein gesundes Selbstbewusstsein entwickeln, sondern es entsteht eine Form von Überhöhung, die jede Selbstachtung zerstört.

Doch wie kann man sein »gesundes Selbst« entwickeln? Eine der Antworten liegt wahrscheinlich in der Regel des heiligen Benedikt: durch Hören und Wahrnehmen. Das wiederum ist nur möglich durch Schweigen und ruhiges Atmen. Darüber könnte man seitenlange Unterweisungen schreiben, aber viel gescheiter ist es, wenn du es selbst versuchst: Setz dich einfach einmal hin – und höre und atme und schweige! Diese Form der Selbstbesinnung ist etwas anderes als Isolation. Zu bestimmten Zeiten allein bei sich zu sein, gehört zum richtigen Lebensrhythmus und schenkt dem Menschen Kraft.

Die sensible Wahrnehmung der Signale, die dein Körper, deine Seele und dein Geist aussenden, führt zu einer Achtsamkeit, die deinem Leben guttut. Niemand darf ein Krankheitssymptom einfach ignorieren, aber man muss auch nicht ständig wie ein Hypochonder in sich hineinlauschen und bei jedem »Geräusch« sofort zum Arzt rennen.

Wichtige Hinweise erhalten wir, wenn wir unsere eigenen Emotionen wahrnehmen. Wer dauernd mit seinen Ängsten um sich selbst kreist, macht sich genauso verrückt wie jemand, der seine immer wiederkehrenden Wutausbrüche hinnimmt, ohne jemals nach der Ursache zu suchen. Durch die Selbstwahrnehmung wird vielleicht der Weg frei, um das Problem, das hinter dieser überschäumenden Emotion steckt, zu lösen.

Es gibt kaum einen Menschen ohne Leidenschaften. Eifersucht, Geiz, Traurigkeit, Stolz, Hass, Zorn, Neid, Gier oder Habsucht treiben und quälen uns. Oft genug zerstören diese Kräfte und Gefühle unser harmonisches Gleichgewicht und machen uns krank. Davor bleibt auch im Alter niemand verschont. Zu allen Zeiten haben die Menschen versucht, Herr über ihre Leidenschaften zu werden. In der Gegenwart scheint dies besonders schwierig zu sein, weil die Gesellschaft Geld und Äußerlichkeiten überbewertet.

Verwandlung der Laster

Kluge Menschen wissen, dass niemand seine Leidenschaften einfach abtöten kann. Sie geben uns den Rat, dass wir versuchen sollten, diese Laster anzunehmen und sie in Freundschaften zu verwandeln. Leidenschaften haben stets ihren Ursprung in der Maßlosigkeit. Der Mensch produziert diese Laster selbst, indem er einen durchaus erstrebenswerten Zustand ins Übermaß steigert: Liebe wird dann zur Besessenheit, Selbstbewusstsein zu Stolz, Freude am Essen wird zur Völlerei, aus Gelassenheit entsteht Trägheit, Sparsamkeit wird zu Geiz, Freigebigkeit zu Verschwendung. Die Rückkehr zum »guten Maß« ist deshalb der Schlüssel, um sich zu befreien. Auch Tapferkeit, Klugheit und Gerechtigkeit gehören zu den Tugenden, mit denen der Mensch seine überzogenen Emotionen umwandeln kann. Warum nutzt zum Beispiel ein Mann die Energie, die in seinem plötzlichen Zornausbruch steckt, nicht sofort beim Holzhacken?

Den Umgang mit sich selbst sollte man schon von klein auf erlernen. Doch auch im Alter ist es dafür nicht zu spät; der Mensch muss sich nur für Transformationsprozesse öffnen. Aus der Physik und vom Leben wissen wir, dass man Energie umwandeln kann. Wer sich dieser Erkenntnis verschließt, wird sich auch als alter Mensch selbst blockieren.

In jedem Menschen wirken Kräfte, mit denen er sein eigenes Leben wunderbar entfalten kann – oder zerstört. Die körperliche, seelische und geistige Weiterentwicklung ist möglich, wenn er sich mit den Versuchungen, die aus seiner Gedanken- und Gefühlswelt aufsteigen, auseinandersetzt. Andernfalls ist die Gefahr groß, seelisch zu verhärten oder krank zu werden. Denn nicht die zerstörerischen Gedanken und Gefühle sind das Problem, sondern ob man sich von ihnen treiben und beherrschen lässt.

Unter älteren Menschen weitverbreitet ist heute ein Zustand, der geprägt ist von Lustlosigkeit, Melancholie, Überdruss und Langeweile. Wer davon betroffen ist, mag sein Leben und sich selbst nicht mehr. Seine Beziehungen zu sich selbst, zu anderen Menschen, zur Natur und zur Schöpfung sind zerschnitten. Gelähmt und widerwillig lebt er in den Tag hinein, von dem er eigentlich nichts mehr erwartet. So einen Menschen berührt fast nichts mehr, offenbar ist alles an ihm erkaltet. Dieser Zustand kann sogar zu einer verkehrten Gemütlichkeit führen; dann stehen dem Menschen vor lauter Gefühlsduselei und Melancholie dauernd die Tränen in den Augen. In so einem Fall droht die Gefahr, dass die Betroffenen ihr leeres, lustloses Leben mit Alkohol und anderen Drogen »bereichern«. Durch die Betäubung ihrer Sinne verschaffen sie sich für kurze Zeit Gefühle und Erlebnisse, die sie verloren haben: Glücksgefühle, intensive Farben, Töne und Bilder. Um aus diesem Teufelskreis herauszukommen, muss der erstarrte Mensch wieder lebendig werden. Das kann er erreichen, indem er die ehrliche Auseinandersetzung mit anderen, aber auch mit sich selbst regelrecht sucht. Diskussionen und das persönliche Engagement für bestimmte Ziele können ebenfalls helfen, diese Trägheit zu überwinden. Heilsam auf ganz andere

Weise ist, wenn er den eigenen Körper wahrnimmt. Dafür eignen sich auch im Alter Sport, Tanz, Wandern und Spaziergänge in der Natur.

Der »entzauberte« Mensch muss sich seiner Gefühle wieder bewusst werden, über das eigene Leben nachdenken und vielleicht mit jemandem, der es ehrlich und gut mit ihm meint, darüber sprechen. So wird verhindert, dass aus den schlechten Gefühlen Krankheiten werden, dass Freundschaften zerbrechen, dass Arbeit und Freizeit ihren Sinn verlieren, dass die Gier den Habsüchtigen zerfrisst, dass sich Beziehungen, auch zur Schöpfung, auflösen. Immer geht es darum, das Leben zu ordnen, einen neuen Rhythmus zu finden.

Menschen sind unvollkommene Wesen mit inneren und äußeren Grenzen. Viele halten diese Grenzen für Barrieren, die das Leben ständig einschränken – und übersehen dabei, dass der Mensch die Grenzen braucht, um sein kreatives Potenzial zu entfalten. Diese Erkenntnis ist vor allem im Alter wichtig, wenn die körperlichen Fähigkeiten nachlassen und der Mensch akzeptieren muss, dass er seinem Leib nicht mehr so viel zumuten kann wie in jungen Jahren. Doch Grenzen und das Nicht-Perfekte haben auch eigene Reize – und wer diese Einstellung gegenüber sich selbst sogar noch mit Humor und Augenzwinkern mischen kann, wird sich und seiner Umgebung schon einen Vorgeschmack auf jenen Zustand vermitteln, den alle Religionen und Weisheitslehren als »heitere Gelassenheit« rühmen.

Das wichtige Muttermal

Kurz vor ihrem 50. Geburtstag ließ sich Gisela scheiden. Und seitdem war für sie im Leben nichts wichtiger als der Wunsch, einen neuen Mann zu ergattern. Um ihre Chancen auf dem Heiratsmarkt zu verbessern, machte sie eine Hungerkur nach der anderen, kaufte Miniröcke und High Heels, hängte sich Modeschmuck um den Hals, an die Arme und ums Fußgelenk. Vor einem halben Jahr ließ sie sich sogar die Haare blond färben. Weil aber die Männer immer noch nicht anbeißen wollten, ging Gisela schließlich aufs Ganze: Sie fuhr für fünf Wochen nach Ungarn und ließ sich in einer Schönheitsklinik rundum erneuern.

Erst verkleinerten die Chirurgen ihre ziemlich große Nase, dann wurden die erschlafften Augenlider hochgezogen, die Falten am Mund gestrafft und die Lippen aufgespritzt. Als krönenden Abschluss der Verjüngungskur bekam die Gisela noch zwei derart voluminöse Silikonbrüste verpasst, dass sie sich selbst kaum noch wiedererkannte, als sie vor dem Spiegel stand. Zum Abschluss ließ sich die Gisela gleich noch die oberen vier Schneidezähne richten, aber mit dem Ergebnis war sie nicht besonders zufrieden, weil sie seitdem ein bisschen lispelte.

Nach den fünf Folterwochen in Ungarn musste sich die Gisela von der Tortur erst einmal erholen. Deshalb beschloss sie, ihre Tante Hanna zu besuchen, die seit langer Zeit in Israel lebte.

Bei ihrer Ankunft im Airport in Tel Aviv gab es aber ein Problem. Denn der Sicherheitsbeamte, der wegen der ständigen Attentate immer besonders genau bei der Einreisekontrolle sein muss, schöpfte Verdacht: Die Person, die vor ihm stand, hatte keinerlei Ähnlichkeit mit der Frau, deren Passbild er betrachtete. Je länger er das Foto mit Giselas echtem Gesicht verglich, desto klarer war für ihn, dass die Urlauberin, die einreisen wollte, eine andere Frau war als die im Reisepass. Telefonisch forderte der Beamte sofort Verstärkung an. Es erschienen drei Polizisten mit Maschinengewehren, die Gisela festnahmen und sie wegen Attentat-Verdachts abführten.

Das Verhör dauerte mehrere Stunden, bis sich das Missverständnis aufklärte. Fast wäre es noch zum Eklat gekommen, weil selbst Tante Hanna, die herbeigeholt wurde, ihre Nichte nicht erkannte – die alte Dame hatte Gisela ja ganz anders in Erinnerung. »Diese Frau«, sagte Tante Hanna bei der Gegenüberstellung klipp und klar, »habe ich noch nie im Leben gesehen, ich kenne sie nicht!« In ihrer Verzweiflung griff Gisela zum letzten Mittel, um ihre Identität zu beweisen. Vor versammelter Mannschaft hob sie ihren Rock hoch, schob den Slip ein wenig zur Seite, sodass ihr blankes Hinterteil zum Vorschein kam. Und jetzt erkannte Tante Hanna ihre Gisela: an dem großen Muttermal an der linken Pobacke.

Überheblichkeit und Demut

Das Leben ist, wie es ist – heute so und morgen so. Es kommen Tage, da hat man eine Freude, weil man viel erlebt hat oder etwas geschenkt bekam. Und es gibt Tage, an denen man sich ärgert, über sich selber oder über andere. Was soll man mit dem Ärger tun? Man muss ihn genauso annehmen wie das Gute, weil Schimpfen keinen Sinn hat. Man muss auch etwas vergessen können, nicht mehr daran denken, etwas anderes arbeiten und tun. Manchmal kommen auch Dinge vor, da greift man sich an den Kopf und sagt sich: »Muss ich das aushalten?« Ja, man muss. Man muss es annehmen und verarbeiten.

Lindenwirtin Josefine Wagner

Die zentrale Tugend für eine spirituelle Lebenshaltung ist die Demut. Sie bewahrt den Menschen vor falschem Stolz und Überheblichkeit, die das Leben zerstören. Ohne Demut können echte Beziehungen nicht entstehen – weder zu sich selbst noch zur Natur, weder zu anderen Menschen noch zur Schöpfung. Demut ist ein Weg zur Menschwerdung, während der Egotrip in die Sackgasse führt. Aus der Psychologie ist bekannt, dass stolze, überhebliche Menschen später auffallend oft an Altersstarrsinn erkranken. Sie werden Besserwisser, die alles an sich reißen, die voller Habgier sind und nichts abgeben wollen. Davon ist auch der 85 Jahre alte Unternehmer betroffen, der nicht bereit ist, seinem Sohn endlich die Firma zu übertragen.

Demut wird oft verwechselt mit Unterwürfigkeit, mit »Buckeln«, aber das ist falsch. Zur Demut braucht der Mensch ein starkes Rückgrat, innere Sicherheit und Vertrauen in seinen Selbstwert. Das konsequente Verfolgen des eigenen Weges bringt es manchmal mit sich, dass man sich quer zum Strom stellt, dass man mit Geduld und ohne Aggression seine Stimme erhebt, um

Unheil oder Gefahren abzuwenden. Demütige Menschen sind tapfer und beharrlich, sie bleiben sich und ihren Grundsätzen auch in Krisen treu und lassen sich nicht entmutigen. Sie hängen ihr Fähnchen nicht in den Wind. Wer demütig ist, besitzt auch Zivilcourage, um in kritischen Situationen seine Liebe, seinen Glauben und seine Hoffnung mit der Tugend der Tapferkeit zu verbünden. Auch die Offenlegung eigener Schwächen und Fehler vor sich selbst und vor anderen ist eine Form von demütiger Selbsterkenntnis. Die eigene Schuld, das Versagen wird bewusst nicht verborgen – wer besitzt diesen Mut?

Herz und Mund im Einklang

Demut bedeutet auch, dass der Mensch in seinem inneren und äußeren Verhalten authentisch ist. Herz und Mund sollen miteinander im Einklang sein. In Demut und Ehrfurcht ist er sich seines Lebens bewusst, seiner Stärken und Schwächen, seiner eigenen Wahrheit. Wer diesen Zustand erreicht, ruht in sich. Er hat ein ausgewogenes Leben, das ihn auch widerstandsfähig gegen Störungen und Krankheiten macht. Dieser Mensch bläht sich nicht auf, sondern steht mitten im Leben – in Demut gegenüber anderen und vor Gott. Er hat den Weg zu seinem wahren Selbst gefunden. Für unser heutiges Leben bedeutet das: Wir sollen bei allem, was wir tun, bescheiden, maßvoll, demütig und menschlich sein – beim Denken, beim Reden, beim Handeln. Selbstherrlichkeit dagegen erzeugt geistige und körperliche Krebsgeschwüre.

Demut betrifft auch das Reden. Es ist oft klüger, heilsamer und wohltuender, nicht einfach draufloszuplappern, sonst wird das Gespräch zum Geschwätz. Schweigen, aufmerksames Zuhören und Reden zum richtigen Zeitpunkt ist eine Haltung von

Demut. Sie ist unvereinbar mit Spott und überheblichem Gelächter, mit Witzeln über andere oder unwahrhaftigem Reden.

Demut ist auch die Fähigkeit zur Versöhnung, die Fähigkeit, sich mit dem Geringeren zufriedenzugeben. Dieser Haltung liegt die Einsicht zugrunde, dass wir unsere eigenen Grenzen erkennen und auch von anderen, die ebenfalls unvollkommen sind, nichts Maßloses fordern. Die Selbsterkenntnis, dass wir im Leben vieles nicht können, ist nicht gleichzusetzen mit einem Minderwertigkeitskomplex. Demut ist eine Tugend, die den Selbstwert des Menschen nicht verletzt. Wer eine bestimmte Aufgabe nicht erledigen kann, muss nicht das Büßerhemd anziehen. Selbstüberschätzung führt in solchen Fällen höchstens zu schlechten Ergebnissen. Was macht es schon, wenn wir unseren kaputten Computer nicht wieder funktionsfähig bekommen oder den Fehler am Automotor nicht selbst reparieren können!

Ein demütiger Mensch nimmt das Leben so an, wie es ist. Er ist nicht ständig auf der Suche nach mehr Glück, mehr Anerkennung, mehr Geld, mehr Dynamik. Für sein Leben sind die immer neuen Fitnessprogramme für Senioren keine Perspektive, sondern er steht zu seinem Alter, zu seinen Falten und grauen Haaren, und verzichtet darauf, jünger aussehen zu wollen. In Demut akzeptiert er das Werden und Vergehen des Lebens und nimmt die Vergänglichkeit an, auch in Krankheiten.

Wir Menschen kommen im Laufe unseres Lebens nicht umhin, uns einzuordnen in Beziehungen zu anderen Menschen, Zwängen im Beruf oder Ereignissen, auf die wir selbst keinen Einfluss haben. Die Gesellschaft verlangt diese Bevormundungen, und der einzelne Mensch kann sich dagegen kaum wehren, obwohl er spürt, dass sie seine Entfaltung behindern. Der Demütige sieht die Grenzen jedoch weniger als Bedrohung, sondern als durchaus förderlich für sein Leben: Innerhalb der Begrenzungen findet der Mensch ein Betätigungsfeld, in dem er sich kreativ und sinnvoll entfalten kann. Die Demut kann ihm helfen, einer Fehlentwicklung zu widerstehen, indem er aufrecht und selbstbewusst seinen Weg geht. Sein Selbstwert bewahrt ihn vor falscher Unterwerfung, die einem Minderwertigkeitskomplex entspringt.

Wer sich allerdings ein Leben lang verbiegen ließ, darf sich nicht wundern, wenn im Alter gesundheitliche Schäden auftreten – interessanterweise besonders häufig an der Wirbelsäule, wenn die Beweglichkeit erstarrt ist. Typisch für diese Menschen ist auch, dass sie im Alter nur noch in der Vergangenheit leben, frühere Zeiten träumerisch verklären und den Blick nicht mehr in die Zukunft richten. Ihre innere und äußere Beweglichkeit scheint erstarrt zu sein, die Sehnsucht nach einem guten Leben ist erloschen. Dahinter steckt vermutlich das Gefühl, in der Gegenwart nichts mehr wert zu sein. Für solche Menschen gibt es in der letzten Phase des Lebens keine Perspektive mehr – ganz im Gegensatz zu Gläubigen, für die der Tod nicht das Ende bedeutet, sondern ein Tor zu einem Neubeginn in anderer Form.

Ist denn ein alter Mensch überhaupt noch in der Lage, Demut zu erlernen? Ja, aber es ist ein beschwerlicher Weg, wenn er diese Grundhaltung nicht schon früher eingeübt hat. Am besten hilft es alten Menschen, wenn sie sich sehr bewusst bewegen, nicht nur innerlich, sondern auch durch Spaziergänge oder Arbeiten im Garten, beim Schwimmen, Tanzen oder Wandern. Diese Bewegungen, die in erster Linie natürlich dem Körper guttun, können auch geistige Erstarrungen lösen. Andererseits helfen geistliche Betätigungen wie Lesen, Musikhören, Beten oder Meditieren auch, den Körper und die Gelenke wieder in Schwung zu bringen. Die Volksweisheit »Wer rastet, der rostet« gilt jedenfalls im besonderen Maß für ältere Menschen. Für Wandlungsprozesse ist es nie zu spät!

Demut darf ein alter Mensch aber auch von denen erwarten,

die sich in bester Absicht um ihn kümmern. Wenn für ihn die Lebenszeit zu Ende geht, sollen andere nicht mit allen Mitteln – oft bis hin zur Zwangsernährung – versuchen, sein Leben zu verlängern.

Blutwürste sind gut für die Demut

In einem bayerischen Kloster lebte ein Abt, der als geistlicher Lehrer sehr bekannt war. Bei ihm hatten sich drei Männer zu einem Besuch angemeldet. In einem langen Brief hatten sie ihr Kommen angekündigt. Daraus war ersichtlich, dass ihr spiritueller Weg sie weit herumgeführt hatte: Sie waren bei weisen Mönchen auf dem Berg Athos eingekehrt, kannten die Klöster im Heiligen Land und im Sinai-Gebirge, in Indien und Thailand; und sogar Zen-Kurse in Japan hatten sie besucht. Jetzt wollten sie den berühmten Benediktinerabt kennenlernen.

Als sie im Kloster eintrafen, wurden sie wie alle Gäste freundlich aufgenommen. Im ersten Gespräch mit dem Abt zeigte sich das große Interesse der drei Männer an geistlichen Themen. Danach bat sie der Abt in das Refektorium des Klosters; mit einer kleinen Stärkung sollte die Zeit bis zum Abendessen überbrückt werden. Wie es im Kloster Brauch war, setzte der Abt den drei Besuchern die leckeren Blut- und Leberwürste vor, die es zur Brotzeit immer gab. Auch Bier wurde ihnen angeboten.

Auf den Gesichtern der Gäste breitete sich Schrecken aus – und sie baten um trockenes Brot, Wasser und ungezuckerten Tee. Sie seien nämlich, sagte einer von ihnen, auf ihrem geistlichen Weg zu der Überzeugung gelangt, dass sie auf keinen

Fall mehr Fleisch essen wollten, und Alkohol sei für sie sowieso tabu.

Der Abt holte für seine Besucher trockenes Brot, Wasser und Tee, er selbst aber ließ sich die Blutwürste schmecken, was die Gäste mit Entsetzen registrierten. Sie staunten, dass ein so spiritueller Mönch wie der Abt bei der Ernährung immer noch auf einer niedrigen Stufe stand. Für die drei Vegetarier waren Blutwürste fast schon eine Todsünde.

»Hochwürdiger Herr Abt«, sagte einer der drei Männer, »erlauben Sie die Frage: Warum essen Sie Blutwürste?«

Der Abt antwortete, ohne vom Teller aufzublicken: »Blutwürste sind gut für die Demut.« Diese Antwort verwirrte die hochgeistlichen Herren vollends und sie reisten ziemlich schnell wieder ab.

Ein junger Mönch, der von dem Vorfall erfuhr, fragte den Abt, warum Blutwürste gut für die Demut seien. Der Abt antwortete: »Blutwürste sind gut für die Demut dieser Gäste, weil sie sich so schnell von ihrem Weg abbringen ließen. Und sie sind gut für meine eigene Demut, weil ich selbst auch immer in der Gefahr des Stolzes bin, wenn andere mich zu mehr machen, als ich wirklich bin.«

Nobody is perfect

Man muss sich schon drum bemühen, dass man im Leben alles richtig macht. Aber du musst auch wissen: Das geht gar nicht. Wenn man alles richtig machen will, macht man sich stocknarrisch – trotzdem muss man es immer wieder versuchen.

Lindenwirtin Josefine Wagner

Kein Mensch ist vollkommen, jeder hat Schwächen und macht Fehler. Die Nicht-Perfektion ist also ein normaler Zustand. Wer das nicht erkennt und akzeptiert, erliegt einer Illusion, die ihm das Leben vergällt, weil er ständig höchste Ansprüche an sich und an andere stellt, die nicht erfüllt werden können. Leider nährt unsere Gesellschaft die Vorstellung, dass der Mensch alles kann. Sogar der Staat erweckt gerne den Eindruck, dass sein Planen und Handeln unfehlbar ist. Diese Illusion hat zwangsläufig zur Folge, dass wir in der Realität des Lebens ständig enttäuscht werden. Das gilt für Liebesbeziehungen ebenso wie für berufliche Ziele, für Leistungen im Sport und in der Kindererziehung. Wo man auch hinschaut im Leben: »Nobody is perfect.«

Es scheint ein Teufelskreis zu sein: Je größer unser Wissen über den Menschen und die Welt wird, desto größer ist auch der Glaube an die Perfektion. Wir vertrauen fast blind einer Technik, die nach wie vor voller Fehler und Unzulänglichkeiten steckt. Oft führen uns spektakuläre Unglücke wie in der Raumfahrt wieder vor Augen, dass auch scheinbar fehlerfreie Systeme unvollkommen sind. Aber auch im ganz normalen Alltag erleben wir ständig Enttäuschungen: Autofahrer stehen ratlos vor irgendwelchen elektronischen Mängeln, der hoch gepriesene Fernseher liefert auf einmal flimmernde Bilder, das scheinbar ideale Liebespaar im Erdgeschoss hat sich getrennt, der Klassenprimus wird beim Komasaufen erwischt, ausgerechnet bei minus

15 Grad fällt zu Hause die sonst so zuverlässige Heizung aus, im Nachbarhaus stirbt ein Familienvater nach der Fehldiagnose eines Arztes. Man hat den Eindruck, dass die permanent steigenden Ansprüche an die Perfektion unser Leben schwerer machen. Vor 100 Jahren bedienten sich die meisten Menschen noch ziemlich einfacher Techniken, die sie durchschauen konnten, und freuten sich, dass alles einigermaßen funktionierte. Heute dagegen bricht Panik aus, wenn nicht alles abläuft wie am Schnürchen. Völlig frustriert steht man vor der defekten Spülmaschine oder vor der Autotüre, die sich wegen eines elektronischen Fehlers nicht mehr öffnen lässt, schaut verärgert auf das kaputte Handy – und hat keine Chance, die Fehler zu reparieren.

Um nicht dauernd einer Traumwelt hinterherzulaufen, müssen wir uns ständig bewusst machen, dass Fehler und Schwächen zum Leben gehören. Mehr noch: Je perfektionierter ein System ist, desto anfälliger ist es! Aber statt einzusehen, dass Unzulänglichkeiten und Schwächen beim Menschen wie auch in der Technik etwas Normales sind, wird ununterbrochen an der weiteren Perfektionierung gearbeitet, mit immer komplexeren Methoden und Kontrollen, um alles noch weiter zu optimieren.

Menschen, die ihr Leben immer nur in materieller Hinsicht effizienter machen wollten, haben niemals den Transformationsprozess erfahren, der den Leib, die Seele und den Geist miteinander verbindet. Im Alter, wenn vor allem der Körper schwächer wird, ist diese Unfähigkeit besonders nachteilig, weil dann der Mensch nicht weiß, wie er mit seinen Gefühlen, Ängsten und seinen Aggressionen umgehen soll. Auf einmal erweisen sich seine früheren Allmachtsfantasien, die auf einer rein materiellen Grundlage standen, als Irrweg. Dann hilft dem alten Menschen nur die bewusste Auseinandersetzung mit Grenzen, Schwächen, Defiziten und Fehlern.

Das Fischer-Trio

»Nobody is perfect« – schon gar nicht der Lebenskünstler Rudi Fischer. Er begeisterte seine Mitmenschen vor allem als Musiker, wenn er mit seinen drei Instrumenten – Akkordeon, Mundharmonika und Trommel – auftrat. Natürlich gibt es Musiker, die noch mehr Instrumente beherrschen, aber Rudis Spezialität war, dass er alle drei gleichzeitig spielen konnte: Vor dem Bauch zog er das Schifferklavier, die Mundharmonika war an einem Drahtgestell vor seinem Mund befestigt und auf dem Rücken hatte er eine große Trommel aufgeschnallt, auf die wie von Geisterhand ein hölzerner Schlegel drosch, sobald der Rudi mit dem rechten Fuß auf ein Pedal trat. Dank dieses seltenen musikalischen Dreiklangs war Rudi Fischer in seiner Heimat als das »Fischer-Trio« bekannt und brachte auf Dorffesten seine Glanznummern zu Gehör, dass die Gäste im Saal vor Begeisterung tobten: »Die Fischerin vom Bodensee«, »La Paloma« und das beliebte Stück aus dem fränkischen Grenzland »Bum-bum-bum, die Russn kumma«.

Alle kannten und liebten das »Fischer-Trio«. Der neue Vergnügungsvorstand des Schützenvereins, ein erst kürzlich zugezogener Berliner, hatte noch nie etwas von Rudi und seinem sensationellen Trio gehört. In seiner neuen Funktion als Vergnügungsvorstand sollte er den Schützenball ausrichten. Er schrieb also mehrere Tanzkapellen an und dabei fiel ihm auf, dass das »Fischer-Trio« mit Abstand am billigsten war. »Die verpflichte ich für den Schützenball«, sagte der kostenbewusste Organisator zu seiner Frau, »alle anderen sind ja dreimal so teuer.« Und das Unheil nahm seinen Lauf.

An einem Samstagabend war es dann so weit: Im großen Dorfsaal hatten sich die Schützen mit ihren fein herausgeputzten Frauen zum wichtigsten Ereignis des Schützenjahres zusammengefunden. Um kurz vor acht tauchte der Rudi auf. Vorn auf der Bühne legte er sein Akkordeon und seine Trommel-Konstruktion ab und kramte die Mundharmonika aus seiner Hosentasche heraus. Dann befestigte er an der Stuhllehne mit einem Reißzweck sein selbst gemaltes Schild, auf dem mit dickem Filzstift geschrieben stand: »Original Fischer-Trio«. Während dann der Rudi in aller Ruhe seine Pedal-Technik für die Trommel aufbaute, rannte der immer noch ahnungslose Vergnügungsvorstand nach vorne.

»Wo sind denn Ihre anderen zwei Kollegen?«, erkundigte er sich aufgeregt beim Rudi, »es ist ja gleich acht – wir wollen anfangen.«

»Welche zwei?«, fragte der Rudi zurück.

»Na die von Ihrem Trio ...«, sagte der Berliner.

»Wir sind komplett«, erwiderte der Rudi wahrheitsgemäß – und dann klärte sich das Missverständnis allmählich auf. Dem sparsamen Vergnügungsvorstand wurde ganz schlecht, als ihm Rudi sein Trio vorstellte. Mit dem Schützenball war es natürlich vorbei.

Rudi spielte zwar mehrfach mit seinen drei Instrumenten »La Paloma« und »Bum-bum-bum, die Russn kumma« und wollte retten, was noch zu retten war. Aber leider kam bei den Schützen und ihren Frauen keine rechte Stimmung auf. Als der Rudi, der seinen Ärger über das Missverständnis mit ein paar doppelten Obstlern hinuntergespült hatte, nach einer halben Stunde über sein eigenes Pedal-Gestell zu Boden stürzte, schritt der Schützen-Präsident ans Mikrofon und verkündete, dass der missglückte Ballabend nun in ein »gemütliches Beisammensein« umgewandelt werde.

Versöhnung tut dem Leben gut

Man darf dem anderen und sich selbst nie zu viel nachtragen,
sonst erdrückt einen die Last, die man trägt.

Lindenwirtin Josefine Wagner

Viele Menschen stellen an sich selbst Ansprüche, die sie nicht erfüllen können. Besonders im Alter erleben sie sich als unattraktiv
und als im Leben gescheitert. Häufig sehen sie gar keine Perspektive mehr für ihr weiteres Leben. Früher haben sie von einem harmonischen Lebensabend geträumt, doch die raue Realität hat
ihnen diese Illusionen geraubt. Beim Blick zurück trauern sie den
vertanen Chancen nach – im Beruf, im Privatleben, in den Beziehungen. Diese Menschen haben sich mit ihrem bisherigen Leben
nicht versöhnt, die Verwundungen aus der Vergangenheit schmerzen auch in der Gegenwart. Sie haben nicht gelernt, dass zum Leben nicht nur Erfolge gehören, sondern auch Enttäuschungen
und Niederlagen. Doch niemand kommt umhin, sich auch mit
Ungerechtigkeiten in seinem Leben auseinanderzusetzen. Solchen Konfliktsituationen sind sie früher immer ausgewichen,
doch im Alter erkennen sie, dass sie sich ihnen stellen müssen.

Ihre Unversöhntheit mit sich selbst, mit anderen Menschen
oder mit bestimmten Ereignissen hat sich angestaut und wirkt
jetzt wie eine schwere Last. Eine scheinbar falsche Entscheidung
während der Berufskarriere, die offensichtliche Benachteiligung
beim Erbe, eine verpasste Liebesbeziehung, die verlorene Armbanduhr, eine versäumte Kreuzfahrt, der Verlust an der Börse –
in einem langen Leben sind Enttäuschungen und Misserfolge
unvermeidbar. Aber es hat wenig Sinn, ihnen ständig nachzutrauern, denn sie sind unwiderruflich vorbei. Es gibt nur die
Möglichkeit, sich endlich mit ihnen auszusöhnen, indem man
»loslässt« und sich oder anderen Fehler bewusst verzeiht.

Im Alter, wenn die Misserfolge den Menschen in die Erstarrung geführt haben, ist es besonders schwierig, loszulassen und zu vergeben, weil man sich meist ungerecht behandelt fühlt. Umso wichtiger ist es, die vergangenen Ereignisse – am besten sogar mehrmals – sehr bewusst zu betrachten, damit man sie wirklich loslassen kann. Doch die Aussöhnung geschieht erst, wenn man verziehen und Frieden geschlossen hat, auch mit sich selbst. Manche Menschen leiden sonst bis zu ihrem Tod unter Fehlern, die sie früher einmal gemacht und sich nie vergeben haben. Oft braucht es für diese Aussöhnung das gute Wort eines Freundes oder sogar professionelle Hilfe, vielleicht eines Seelsorgers, der mithilft, den Prozess des Loslassens und Verzeihens in Gang zu setzen.

Die Seebestattung

Manchmal wirkt die Unversöhnlichkeit eines Menschen über den Tod hinaus und wird zum Eklat, wie die folgende Geschichte von Manfred zeigt.

Manfred war früher als Matrose auf den Weltmeeren daheim gewesen. Im Alter schwelgte er in Erinnerungen an sein Leben auf dem Schiff. »Wenn ich eines Tages meine Augen für immer schließe«, sagte er stets zu seiner Frau, »dann wünsche ich mir eine Seebestattung. Nach meinem Tod möchte ich verbrannt werden, und dann sollt ihr meine Asche in die Nordsee streuen.«

Als der Manfred gestorben war, beratschlagte die Familie, was sie jetzt tun sollten – es ging um die Seebestattung, die sich der Manfred so sehr gewünscht hatte. Trotz mancher Bedenken wegen der hohen Kosten und weil der Manfred mit den meisten Verwandten zerstritten war, entschlossen sie sich, seinen letzten Wunsch zu erfüllen.

Man organisierte also eine Seebestattung. In zwei Autos fuhr die neunköpfige Trauergesellschaft nach Hamburg und ließ sich, mit einem Pfarrer an Bord, in die Nordsee hinausfahren. Weitab von der Küste vollzog der Priester das Bestattungsritual. Zum Schluss stand er vorn am Bug des Schiffes, nahm den Deckel von der Urne ab und streute Manfreds Asche ins Meer – zumindest wollte er das. Aber ein plötzlicher Windstoß blies die Asche nach hinten – direkt in die Augen der erwartungsvollen Erben. »Typisch Manfred«, flüsterte ein Neffe seinem Vater zu, »er hat auch zu Lebzeiten immer versucht, uns zu ärgern.« Sie alle weinten dicke Tränen. Allerdings nicht aus Trauer, sondern wegen der Asche, mit der der Manfred bei Windstärke sieben ein letztes Mal zugeschlagen hatte.

Beziehungslosigkeit und Wurstigkeit

Wenn dir alles wurscht ist, dann wirst du selbst eine Wurst –
und dich frisst der Hund. Man muss am Leben Interesse ha-
ben, sonst interessiert sich das Leben auch nicht für dich.

Lindenwirtin Josefine Wagner

Im Alter neigen viele Menschen zu zwei fast gegensätzlichen
Verhaltensweisen: Sie verlieren völlig das Interesse am Leben
und regen sich gleichzeitig über Kleinigkeiten auf. Beides sind
typische Anzeichen dafür, dass der Mensch beziehungslos geworden ist. Sogar der übertriebene Fernsehkonsum, der scheinbar für ein Interesse an den Ereignissen in der Welt steht, ist in
Wirklichkeit das Ergebnis von Desinteresse und Gleichgültigkeit. Die Menschen lassen sich nur noch berieseln, statt Eigenin-
itiative zu entwickeln und aktiv am Leben teilzunehmen. Dieses
Phänomen beginnt häufig mit dem Eintritt ins Rentenalter. Am
Ende ihres Arbeitslebens sind die meisten noch voller guter Vorsätze und schmieden Pläne, was sie nun alles machen werden; es
scheint, als wollten sie ihr hektisches Berufsleben im Alter fortsetzen. Vor sich selbst rechtfertigen sie ihre neue Aktivität damit,
sie müssten nun bisher Versäumtes nachholen. »Früher hatte ich
dazu nie Zeit«, hört man sie dann oft sagen, »aber jetzt erlaube
ich mir …« – und dann zählen sie die Wünsche auf, die sie sich
in jungen Jahren nicht erfüllen konnten. Darunter mag tatsächlich auch manche Reise sein, die anregend wirkt und Freude bereitet. Doch meistens nimmt das Interesse am »Senioren-Touris-
mus« bald wieder ab, weil man Versäumtes nicht einfach im
Alter nachholen kann.

Zeitversetztes Herumreisen in der Welt ist kein Mittel, um ein
kreatives Leben zu führen und mit sich selbst ins Reine zu kommen. Dazu braucht der Mensch Beziehungen, die er auch im Al-

ter aufbauen kann, falls er sie verloren hat. Glück, Zufriedenheit und ein guter Lebensrhythmus entstehen, wenn man zu sich selbst, zu anderen Menschen, zur Natur und zur Schöpfung in Beziehung steht. Gerade im Alter spürt der Mensch, dass es ihm guttut, wenn er der Gesellschaft etwas zurückgibt, wenn er Verantwortung übernimmt, sich für andere engagiert und auf vielfältige Weise sein Erfahrungswissen anderen Menschen oder Institutionen zur Verfügung stellt, ohne in Cent und Euro entlohnt zu werden. Natürlich kann ein alter Mensch nicht mehr mit der gleichen Kraft und mit demselben hohen Tempo wie früher aktiv sein. Deshalb soll er die Aufgaben, die er übernimmt, in dem für ihn rechten Maß erledigen. So beugt er dem »Pensions-Schock« vor, den viele erleiden, wenn sie von einem Tag auf den anderen aus dem Beruf ausscheiden und in das berühmte Loch fallen.

Das Heraustreten aus dem aktiven Leben darf nicht missverstanden werden mit einem Rückzug, der mit dem Zerschneiden aller früheren Beziehungen einhergeht. Dann führt Altwerden tatsächlich zur Teilnahmslosigkeit am Leben, in Gleichgültigkeit und in Isolation. Ein alter Mensch soll sich zwar nicht mehr abrackern, aber er muss in angemessener Weise aktiv im Lebensprozess und im Beziehungsgeflecht verbleiben. Dazu ist es wahrscheinlich sinnvoll, wenn man für sein Engagement nicht unbedingt Betätigungen aussucht, die eine hohe Mobilität und körperliche Beweglichkeit erfordern. Deshalb meditieren und beten alte Menschen häufig, das schenkt Vertrauen und befreit aus der Apathie. Die Gottesbeziehung schafft eine ganz neue Basis für die bewusste Gestaltung des Lebens. Aus wissenschaftlichen Untersuchungen ist sogar bekannt, dass religiöse Menschen gesünder und länger leben, weil sie in guten Beziehungen verankert sind.

Der Mensch und sein Kaktus

Das Büro des intelligenten, jungen Mannes war ein nüchternes, kahles Zimmer – alles sehr cool. Den meisten Platz nahmen der Computer und der Fernsehapparat ein. Auf dem Fensterbrett stand ein Kaktus – dem Anschein nach das einzige lebende Wesen in diesem Zimmer. »Das ist mein Versuchskaktus. Ich habe ihn jetzt eineinhalb Jahre lang nicht mehr gegossen und möchte sehen, wie lange er das noch aushält«, klärte der junge Mann jeden auf, der das Gespräch auf den Kaktus brachte. Die meisten Besucher waren bestürzt über so viel Kaltherzigkeit.

Leider findet man diese Gefühlskälte bei vielen Menschen, auch wenn sie ihnen selbst nicht bewusst ist. Sie pflegen ihre Blumen und Pflanzen, ihre Katzen und Hunde oft mit großer Hingabe, aber mit sich selbst und mit anderen Menschen gehen sie um wie der junge Mann mit dem Kaktus. Ein Kaktus mag es eineinhalb Jahre aushalten, nicht gegossen zu werden, vielleicht fühlt sich diese Wüstenpflanze dabei sogar noch wohl. Aber ein Mensch, der zum Versuchskaninchen gemacht und isoliert wird, hält es ohne Schaden nicht länger als ein paar Tage aus.

Es ist schlimm genug, wenn so etwas aus Unachtsamkeit geschieht. Zur Katastrophe wird es, wenn ein Mensch bewusst so handelt oder behandelt wird. Wie dürr und leblos, wie vernachlässigt und misshandelt muss sich ein Mensch fühlen, der einen anderen zum Spielball seiner Gefühllosigkeit macht! Und hinter dem scheinbaren Interesse, »wie lange er es noch aushält«, steht wohl eher der verzweifelte Wunsch, dass sich jemand um den Kaktus-Besitzer selbst kümmern möge, auch wenn er in seiner Unberührbarkeit ärmer erscheint als seine Pflanze.

Das Bild von diesem Mann und seinem Kaktus ist ein Symbol dafür, dass sich viele Menschen die wichtigste geistliche Nahrungsquelle vorenthalten, nämlich die Beziehung zu sich selbst und zu anderen, zur Natur und zur Schöpfung. Da stellt sich die Frage: Wie lange hält ein Mensch diese Beziehungslosigkeit aus?

Eine Beziehung hat der junge Mann zwar zu dem Kaktus in seinem Büro, aber sie ist pervers. In einer scheinbaren Aufmerksamkeit gegenüber der Pflanze offenbart sich sein Sadismus: Er quält nicht nur den Kaktus, sondern auch sich selbst. Solche Menschen blenden das Leben völlig aus und merken nicht, dass sie sich dabei selbst zerstören. Die eigentlich gequälte Kreatur ist der Sadist selbst.

Wie kann man ihm helfen? Natürlich wäre es wunderbar, wenn so ein Mensch anfangen würde, einen Blumengarten anzulegen und sich auf den Wachstumsprozess des Lebens einließe. Aber das ist nur selten zu erwarten, weil solche Menschen innerlich kalt und unberührbar geworden sind. Deshalb ist es nur schwer vorstellbar, dass sie sich ihrer perversen Eigenschaften bewusst werden und etwas verändern. Oft ist dann eine schwere Krankheit oder eine Katastrophe, die plötzlich hereinbricht, der einzige Weg, damit solche Menschen endlich wahrnehmen können, wie dramatisch ihre Entwicklung ist – und zur Einsicht kommen.

Viele Menschen tragen, wenn auch in schwächerer Form, eine ähnliche Geisteshaltung in sich und stellen jemanden, der ihnen nicht sympathisch ist, »ins Abseits«. Sie schneiden ihn und strafen ihn durch Nichtbeachtung. Insgeheim beobachten sie ihr »Opfer« aus den Augenwinkeln, wie lange es die Qual aushält – ein grausames Experiment. Es schadet natürlich dem Betroffenen, aber den größten Schaden nimmt der Mensch selbst, der so etwas tut.

Unser Kakteen-Feind ist berechnend, er fühlt sich allmächtig – zumindest über seinen Kaktus. Diese Grundhaltung findet sich in der Gegenwart leider sehr häufig, weil viele Menschen gefühllos geworden sind: Experimente an Menschen und Tieren, Tiertransporte und Klonversuche in der Gentechnik sind alarmierende Beispiele dafür. Umso wichtiger ist es, dass der verirrte Mensch wieder Beziehungen aufnimmt, dass es ihm gelingt, sich von seinen Allmachtsfantasien zu befreien und zum Leben zurückzukehren.

Der Segen gibt Kraft fürs Leben

Wenn man nicht betet, ist das Leben verloren.

Lindenwirtin Josefine Wagner

Egal, wie alt der Mensch ist: Denken, Reden und eine positive Grundhaltung sind der beste Weg, um Beziehungen herzustellen. Wichtig dabei ist die Art und Weise, wie man sie aufbaut. Wer ständig schlechte Gedanken hat, über andere herzieht und sein Fähnchen nur in den Wind hält, kann auf Dauer sein eigenes Leben und das anderer Menschen nicht vernünftig gestalten. Jeder Fluch und jedes gute Wort haben Auswirkungen – deshalb sollte der Mensch auch im Alter sehr bewusst darauf achten, was er denkt und tut. Niemand darf sich in eine destruktive Geisteshaltung hineinziehen lassen, sie schadet ihm selbst und den anderen.

Leider wird unser Leben in der Gegenwart zu sehr von negativen Nachrichten bestimmt. Man braucht dazu nur die Zeitungen aufzuschlagen oder die Nachrichten im Fernsehen zu verfolgen. Doch warum ist das so, was steckt tief im Menschen drin, dass er sich für negative Informationen mehr interessiert als für das Gute, das auf der Welt passiert? Vielleicht ist es so, dass sich viele eher im Schmerz als im Wohlbefinden selbst spüren können, dass schlechte Nachrichten ihnen das Gefühl geben: Schau, anderen geht es noch schlechter als mir. Katastrophen werden offenbar intensiver wahrgenommen als schöne Ereignisse. Doch gerade im Alter haben Menschen eine große Sehnsucht danach, in Frieden zu leben. Die Erfahrung zeigt, dass der Mensch auch in späten Jahren gut leben kann, wenn er bewusst Gutes denkt, spricht und tut. Hilfreich ist es, diese Grundhaltung auch mit einem rituellen Zeichen auszudrücken: dem Segen. Er ist die Verbindung zwischen guten Gedanken und einer symbolischen Handlung.

Der Segen ist eine geistige Kraft. Er wurde zu allen Zeiten gespendet, um Menschen oder bestimmte Lebenssituationen zum Guten zu wandeln: das Gelingen der Arbeit, Schutz vor Unfällen, die Genesung von der Krankheit. Im Segen erhoffen und erfahren die Menschen das heilsame Wirken der göttlichen Kraft für ihr eigenes Leben. Aus frühesten Zeiten ist überliefert, dass ein Familienoberhaupt den Kindern vor seinem nahen Tod seinen väterlichen Segen spendete, um seine Kraft an die kommenden Geschlechter weiterzugeben.

Der Segen hebt die Disharmonie im Menschen auf: Zerbrochenes wird wieder heil, Krankes wird gesund und Niedergedrücktes wird aufgerichtet. Der Segen ist nicht mit dem Verstand allein zu begreifen, sondern nur mit dem Herzen. Denn im Segen wird der Mensch in seinem Innersten berührt.

Zum Segen gehört auch die Demut: Der Mensch erkennt, dass er nicht alles selbst machen kann, sondern auf Hilfe angewiesen ist, die er im Segen erbittet. Bei den meisten alten Menschen ist diese Erfahrung besonders ausgeprägt, weil sie nicht mehr destruktiv sind, sondern mit ihren Gedanken, ihren Gefühlen und mit ihrer Weisheit die Welt verwandeln wollen. Sie können der Gesellschaft einen unschätzbaren Dienst erweisen, wenn sie sich entschließen, mit ihrem guten Denken und Handeln geistige Energien in die Welt zu senden. So werden sie selbst zum Segen für die Menschen.

Ein Segen berührt den Menschen und stiftet eine Beziehung zwischen ihm und Gott, zwischen Himmel und Erde, zwischen allen Gegensätzen. Der Segnende macht sich durchlässig für die heilige Kraft, die im Segen wirkt. Wer ihn erteilt und wer ihn empfängt, öffnet sich für etwas, das außerhalb von ihm liegt: für eine überirdische Dimension. Der Segen erreicht den Menschen am besten dann, wenn er dafür offen und bereit ist. Das ist vor allem bei Menschen der Fall, die alt oder krank sind oder – an

Leib und Seele – verletzt wurden. Sie spüren intuitiv, dass ihnen
der Segen hilft. Deshalb tut es ihnen so gut, wenn man ihnen
beim Segnen die Hände auflegt.

Der Gestus gehört ohnehin zum Segen, egal, ob man jemandem die Hände auflegt oder sie über ihm ausbreitet, ob man ihn
mit Weihwasser besprengt oder mit Weihrauch beräuchert oder
über ihm das Kreuzzeichen macht. Die Geste soll ausdrücken,
dass der Segnende zu dem Menschen, den er segnet, eine besondere Beziehung herstellt. Viele meinen, nur Priester oder Mönche seien berechtigt, Menschen zu segnen. Aber das ist nicht richtig: Jeder, der dafür offen ist, darf es tun. Der Großvater kann
sein Enkelkind mit dem Kreuzzeichen auf der Stirn segnen,
wenn es morgens das Haus verlässt; eine Frau segnet ihre kranke
Mutter, der alte Mann seinen Freund – immer wird die Gnade
Gottes auf den Gesegneten übertragen. Der Segen heilt Wunden,
beschützt das Leben und nimmt das Böse vom Menschen. Mit
Gesten, Worten und Zeichen wird der gesegnete Mensch äußerlich und innerlich berührt. Sein alter Rhythmus wird aufgebro-
chen und erneuert, die göttliche Heilkraft stärkt sein Leben.

Sich selbst segnen

Ein Mensch kann sich auch selbst segnen – zum Beispiel, indem
er bei sich das Kreuzzeichen macht, wenn er seine Wohnung verlässt oder wieder zurückkommt oder wenn er sich zwischendurch bekreuzigt. Das Kreuzzeichen ist für Christen eine besonders wirksame Geste des Segens. Man sollte dabei ganz bewusst
mit der Hand seine Stirn und den Bauch berühren, dann über die
beiden Schultern das Kreuzzeichen ziehen und zu sich selbst den
Segen sprechen: »Im Namen des Vaters und des Sohnes und des
Heiligen Geistes. Amen.« Man kann diese Worte auch sprechen

und dabei mit dem Daumen jeweils ein kleines Kreuzzeichen auf Stirn, Mund und Herz machen.

Eine besondere Form der Segnung ist die Krankensalbung. Sie wird in der katholischen Kirche und in den orthodoxen Kirchen vor allem kranken und altersschwachen Menschen gespendet, damit sie an Leib und Seele heil werden. Dieser Segen darf allerdings nur von Priestern vorgenommen werden und läuft nach einem vorgegebenen Ritual ab. Die Krankensalbung beginnt mit einem Schuldbekenntnis, einer schweigenden Handauflegung und einem Lobpreis, dann salbt der Priester mit dem geweihten Öl Stirn, Brust und Hände des Kranken. Die Krankensalbung wurde früher meist nur sterbenskranken Menschen gespendet (»Letzte Ölung«), doch dieses Ritual ist in jeder Phase einer Krankheit heilsam. Deshalb wäre es sinnvoll, bei einem Leiden schon frühzeitig einen Priester um die Krankensalbung zu bitten.

»Bitte segnen Sie mich«

An der Klosterpforte traf der Benediktinermönch einen Mann, der ziemlich verzweifelt schien. Er erzählte dem Mönch, dass er seit Jahren unter dem gleichen Krankheitssymptom litt: Nach dem Urlaub oder nach einer Kur wurde er immer wieder krank. Meistens war es eine schwere grippale Infektion, die ihn für zwei oder drei Wochen ans Bett fesselte. Er wusste nicht mehr ein noch aus. Alle schulmedizinischen Untersuchungen hatte er bereits hinter sich. Auch der Psychotherapeut, der sich eingehend um ihn bemüht hatte, konnte ihm nicht helfen – immer wieder wurde er krank. Der ratlose Mann bat den Benediktiner um Hilfe – und sagte dann völlig überraschend: »Ich bitte Sie ganz herzlich um Ihren Segen.«

Der Mönch ging also mit dem Mann in einen geschützten Raum im Innern des Klosters. Der Besucher kniete sich hin und der erstaunte Benediktiner segnete ihn. Er legte ihm die Hände auf und bat Gott um Kraft und Stärke, um Vertrauen und um seinen Segen. Dabei sprach er: »Der gütige und barmherzige Gott segne dich. Er erfülle dich mit seiner Liebe und mit seiner Kraft. Er schenke dir Einsicht und Weisheit des Herzens. Er stärke dich in deiner Not und befreie dich von allem Leid des Leibes und der Seele. Seine heiligen Engel sollen dich auf deinen Wegen begleiten, und unter dem Schutz des Allmächtigen sollst du geborgen sein.« Dann zeichnete der Mönch das Zeichen des Kreuzes über ihn und half dem knieenden Mann vom Boden auf.

Dem Mann liefen Tränen über die Wangen. Er sagte: »Sehen Sie, ich glaube nicht an Gott. Ich habe lange nicht gebetet. Ich weiß nicht, ob es einen Gott gibt, der mich beschützt. Aber ich sehne mich so sehr nach einem Segen.«

Not und Krankheit haben diesen Mann wahrscheinlich zu seinen tiefsten Gefühlen und zu seiner innersten Sehnsucht geführt. Er hat seine eigenen Grenzen überschritten und sich einer Wirklichkeit zugewandt, die gläubige Menschen Gott nennen. Er selbst konnte diese Sehnsucht wahrscheinlich nur in seiner Not und durch seine Krankheit ausdrücken. Oft ist es so, dass Menschen in Notsituationen zu ihrer Sehnsucht finden. Sie wissen nicht, dass sie immer in der Liebe Gottes geborgen sind, aber sie ahnen, dass es über alle Grenzen und über alles Leid hinaus etwas geben muss, das Hilfe und Stütze gibt.

Wege zur Transzendenz

Jeder Mensch hat – auch im Alter – die grundlegende Fähigkeit zur Wandlung. Das ist keine wissenschaftliche These, sondern eine Erfahrung, die aus dem Glauben kommt. Dieser Wandel bezieht sich sowohl auf den körperlichen wie auf den geistigen Wachstumsprozess. Außerdem ist ein Mensch – bei aller Anerkennung seiner beschränkten Möglichkeiten – in der Lage, über seine eigenen Grenzen hinauszuschauen und sogar das scheinbar Unvorstellbare zu denken. Selbst wenn im Alter die physischen Kräfte erlahmen, kann der Mensch Grenzen überschreiten – nämlich in geistiger Hinsicht. Denn der geistig-seelische Prozess ist – anders als der körperliche – eine ständige Weiterentwicklung. Das spirituelle Leben wird immer umfassender und reifer, die Menschen werden weise und genießen immer häufiger den Zustand heiterer Gelassenheit. Diese seelische Weiterentwicklung geht meistens einher mit dem zunehmenden Verfall des Körpers – vermutlich bedingen die beiden gegenläufigen Entwicklungen einander wie bei kommunizierenden Röhren: Das geistige Wachstum holt sich seine Kraft aus dem Körper, der immer mehr abbaut. Es ist eine Entwicklung, die wegführt von der äußerlichen Stabilität – hin zu innerer Sicherheit und Stärke. Der Mensch lässt sein materialistisches Leben allmählich hinter sich und geht einer spirituellen Welt entgegen, in der die alten Verhaltensmuster keine Bedeutung haben. Bei diesen Schritten in die Transzendenz tauchen die Sinnfragen des Lebens auf: Woher komme ich? Wohin gehe ich? Was geschieht nach dem Tod?

Wir kennen die Antworten nicht, weil wir keinen Einblick in den Schöpfungsplan haben. Ihn zu enträtseln, wäre der größte

Triumph des menschlichen Verstandes, aber er wird uns ein Geheimnis bleiben, das nur aus dem Glauben heraus erklärbar ist. Zu allen Zeiten haben die Menschen nach Beweisen für ein Leben nach dem Tod gesucht – vergeblich. Aus Beobachtungen und Bildern haben sie nach ihren Vorstellungen ein geistiges Szenario entworfen, das natürlich keiner wissenschaftlich-rationalen Prüfung standhält. Allein aus dem Glauben sind die Schöpfung und das Jenseits zu verstehen. Für alte Menschen ist diese Glaubenserfahrung besonders wichtig, weil sie nahe an der Schwelle zum Übergang in eine andere Dimension stehen – ohne Transzendenz wäre menschliches Leben sinnlos.

Sucht und Sehnsucht

*Im Wirtshaus erlebt man ja allerhand. Oft fangen die Männer
zu saufen an und man denkt, das hat keinen Sinn und kein
Ziel. Aber eigentlich wollen sie nur glücklich sein – bloß geht
das nicht mit Bier und nicht mit Wein und nicht mit Schnaps.
Wer so einen Weg geht, ist verloren.*

Lindenwirtin Josefine Wagner

Die Menschen sehnen sich nach Glück, nach einem guten Leben. Diese Sehnsucht ist eine menschliche Grundhaltung, eine Brücke zur Transzendenz – und akzeptiert, dass man sich im Leben nicht jeden Wunsch erfüllen kann. Sie wird jedoch pervertiert, wenn es einseitig nur noch um materielle Ziele geht. Dann wandelt sich die Sehnsucht häufig zur Sucht, die den Menschen abhängig und krank macht. Wie oft kommt es vor, dass ein Mann in seiner verständlichen Sehnsucht nach einer harmonischen, liebevollen Zweierbeziehung zu einem rastlosen Sexisten wird, der die Frauen nur »benutzt« und wie seine Hemden wechselt.

Die Eigenständigkeit des Menschen, seine Freiheit – sie werden eingeschränkt, sobald man süchtig wird nach immer neuen Events, nach Nervenkitzel und Sexabenteuern, nach Titeln und äußeren Statussymbolen. Die Sucht macht aus dem Menschen einen Getriebenen, und erst die Rückkehr zu einer Sehnsucht, in der sich die Hoffnung auf Erfüllung in angemessener Weise ausdrückt, macht den Menschen wieder ruhig und gelassen. Sehr vereinfacht könnte man sagen: Sucht bezieht sich auf materielle Ziele und aufs Diesseits, Sehnsucht auf geistige Ziele und aufs Jenseits. Jeder trägt in sich einen göttlichen Funken, der die Sehnsucht des Menschen nach Transzendenz wachhält. Es wäre falsch zu versuchen, dieses Urbedürfnis mit Alkohol oder Drogen zu stillen – statt den Weg voller Hoffnung und Vertrauen ins Leben zu gehen.

Die Erfahrung zeigt, dass Süchte im Alter besonders intensiv auftreten – nach materieller Sicherheit, nach Beziehungen, nach Erhalt der Gesundheit um jeden Preis. Und diese Wünsche sollen am besten sofort und zu 100 Prozent erfüllt werden. Aber genau diese übertriebenen Forderungen werden zur Falle. Viele einsame, gebrechliche Menschen sind süchtig nach Zuwendung und »kaufen« sich eine Bezugsperson oder eine Pflegekraft, nörgeln aber sofort herum, wenn die Streicheleinheiten nicht so erfolgen wie erwartet. Dabei ist es im Alter eine große Freiheit, dass man »absichtslos« leben kann. Der Mensch braucht sich selbst nichts mehr zu beweisen und kann darauf verzichten, etwas erreichen zu müssen. Diese innere Absichtslosigkeit wirkt befreiend – man muss nicht mehr mit dem Bruder, dem Ex-Arbeitskollegen oder einem missliebigen Politiker streiten oder sich für etwas rechtfertigen. Absichtslose Sehnsucht wirkt wie ein Geschenk für den Leib und die Seele.

Natürlich ist es verständlich, wenn sich ein alter Mensch, den Schmerzen plagen, nach Gesundheit sehnt. Er lebt in der Hoffnung, dass er von seinen Schmerzen befreit wird – wenn er diese Zuversicht nicht mehr hat, wird sich sein leidvoller Zustand kaum ändern. Seine Sehnsucht ist die Triebfeder für seine leibseelische Gesundheit. In jedem Menschen brennt das Feuer der Liebe, der Hoffnung, des Vertrauens – verbindet er sich damit, kann er den Blick auf ein anderes, größeres, erfülltes Leben richten, in dem das Leid keinen Platz mehr hat. Kein Arzt, kein Medikament kann diesen Heilszustand herbeiführen – damit wäre die ärztliche Kunst, deren Aufgabe es ist, körperliche Schmerzen zu lindern oder zu beseitigen, auch überfordert. Eher ist die Gefahr groß, dass der Patient süchtig wird nach den Arzneien, die ihn sofort vom physischen Schmerz befreien. Natürlich darf ein

Mensch seinen Körper nicht vernachlässigen oder sich einer Schmerztherapie verweigern, aber er muss auch wissen: Der Leib hat Grenzen, doch in bestimmten Situationen kann man sie auch überschreiten.

Rückkehr zur kleinen Dosis

Wir sind dauernd einer Überdosis vielfältiger »Gifte« ausgesetzt: Elektrosmog, die Informationsflut, Lärm, Umweltgifte, Medikamente, Geschmacksverstärker, Farb- und Konservierungsstoffe in den Lebensmitteln, gespritztes Obst und Gemüse – und zusätzlich die zerstörerischen Emotionen, die sich in Form von Hass und Neid, von Habsucht, Geiz und Stolz in die Seele fressen. In homöopathischen Mengen können Gifte dem Menschen helfen, aber im Übermaß sind sie schädlich. Sonnenstrahlen tun gut, doch die Überdosierung erzeugt Hautkrebs. Ein Glas Wein schmeckt und ist bekömmlich, aber das Übermaß macht krank und süchtig. Moderne Gesellschaften scheinen für Überdosierungen jeder Art ein fruchtbarer Nährboden zu sein – auch die meisten Erfolgsprämien für Topmanager haben das rechte Maß verloren.

Viele Menschen meinen, gegen solche »Gifte« könne man nichts machen, nehmen sie als Schicksal hin, das man eben aushalten muss, und bekämpfen mit der einen Überdosis die andere – zum Beispiel den Stress in der Arbeit mit einer Schlaftablette für die Nacht oder den übermäßigen Zigarettenkonsum mit einer Überdosis Sport im Fitness-Studio und mit Vitamintabletten.

Überdosierungen soll man jedoch nicht schlagartig, sondern schrittweise auf ein gutes Maß zurückführen. Die Rückkehr zur kleinen Dosis ist heilsam – lediglich bei Suchterkrankungen ist der sofortige Entzug (mit ärztlicher Hilfe) hilfreich. Außerdem ist es unerlässlich, sich mit den Ursachen der Selbstvergiftung auseinanderzusetzen. Aus Erfahrung weiß man, dass hinter jeder Sucht eine Sehnsucht steht – nach Leben. Das Erkennen deiner Sehnsucht öffnet dir den Weg zur Heilung.

Grenzen achten – und überschreiten

Ein Mensch hält viel aus. Manchmal glaubt er, dass es gar nicht mehr weitergeht, aber da darfst du nicht aufgeben – es geht weiter. Wenn einmal ein Tag ganz schwer war, habe ich abends die Wirtshaustür weit aufgemacht und durchgelüftet. Dann Tür zu – und ins Bett. Am nächsten Tag war alles wieder ganz anders.

Lindenwirtin Josefine Wagner

Menschen sind unvollkommene Wesen mit natürlichen Grenzen. Wir können nicht alles – trotzdem haben die Menschen immer versucht, ihre Grenzen zu überschreiten, vor allem in der Konfrontation mit dem Tod. Doch auch im Alltag werden uns die Begrenzungen bewusst, und wir spüren die Einschränkungen, denen unser Körper, die Gefühle und der Geist unterliegen.

Grenzen engen scheinbar die persönliche Freiheit ein. Deshalb gibt es in modernen Gesellschaften die Tendenz, dem Einzelnen möglichst keine Grenzen zu setzen, damit er sich und seine Wünsche ungehemmt ausleben kann – mit der Gefahr, dass sich egozentrische Lebensformen immer mehr ausbreiten. Manche Menschen fühlen sich wohl, wenn sie zu ihrem Vorteil Grenzen missachten, aufweichen oder deren Übertretung beschönigen. Unklug ist es auch, gegen seine Schranken ständig mit Gewalt anzurennen. Natürlich soll man sich mit Grenzen auseinandersetzen, aber es hat wenig Sinn, ständig selbstgrüblerisch die Hindernisse zu analysieren oder dauernd mit dem Kopf gegen die Wand zu rennen – sie ist härter. Alles Leben hat Grenzen. Sie sind sinnvoll, weil sonst ungezügeltes Wachstum das Leben gefährden würde. Meistens nehmen wir jedoch die Grenzen als Hindernisse wahr und übersehen, dass es gesundes Wachstum nur innerhalb gewisser Beschränkungen geben kann.

Wir haben Mechanismen entwickelt und uns Denkmuster angeeignet, die grenzenloses Wachsen viel zu positiv sehen. Vor allem das ungebrochene materielle Wachstum wird hoch gepriesen: Geschäftsumsätze und Renditen müssen immer weiter steigen, die Leistungsfähigkeit von Maschinen wird ständig effizienter, Kommunikation immer intensiver. Wenn ein Mensch nicht mehr kann, wenn ihm der Atem ausgeht und das Herz stillsteht, gilt das weniger als Folge einer falschen Grundeinstellung, sondern eher als peinlicher Betriebsunfall. Wir sehen nur ungern ein, dass unser Leben Grenzen hat – und ignorieren sie. Das wirkt sich natürlich frustrierend aus, vor allem für diejenigen, die nicht gelernt haben, mit Grenzen verantwortlich, liebevoll und aufmerksam umzugehen.

Zum Beispiel wird die berufliche Arbeit von vielen als eine Gelegenheit gesehen, alle Grenzen zu überschreiten. Je mehr man damit Geld verdient, desto weniger – so jedenfalls glauben viele – müssen Grenzen beachtet werden. Wer so denkt, kann und darf sich scheinbar alles leisten: dubiose Geschäfte, Bestechung und Korruption, riskante Entscheidungen, mangelnde Rücksichtnahme auf die Sicherheit der Arbeitsplätze. Manchen Managern erscheint die Geschäftswelt als ein Paradies auf Erden. Sie sehen nicht, dass alles Leben eingebunden ist in Grenzen. Der steile Anstieg physischer und psychischer Leiden bei Arbeitnehmern in der Gegenwart, auch die Krise unserer Sozialsysteme zeigen, dass willkürliches und ungezügeltes Wachstum dem Leben schadet.

Wer Beziehungen hat – zu sich selbst, zu anderen, zur Natur und zur Schöpfung –, hat auch Grenzen. Der Dieb missachtet sie beim Stehlen, und wer sich in fremde Beziehungen einmischt oder sogar die Ehe bricht, überschreitet sie ebenfalls. Dem Leben in einer Gemeinschaft tut es gut, wenn man sich seiner eigenen Grenzen und denen der anderen bewusst ist.

Menschen sehnen sich nach Berührung – körperlich, emotional und geistig. Um sich diesen Wunsch zu erfüllen, muss der Mensch Grenzen überschreiten, anders kann er die Berührung nicht spüren. Dieses Überschreiten darf nicht aggressiv oder nur berechnend erfolgen, sondern muss behutsam und mit hoher Achtsamkeit geschehen, um niemanden zu verletzen. Gieriges, oft lüsternes Eindringen in die Intimsphäre eines anderen Menschen erzeugt Unfrieden und Chaos. Das Beachten von Grenzen hat auch zu tun mit Verzicht. Beziehungen leben davon, dass man nicht alles an sich reißt, sondern auch lernt zu verzichten – und zu teilen. Wer dazu nicht bereit ist und sich nur Vorteile verschaffen will, zerstört die Beziehung und letztlich sich selbst. Denn Egoisten handeln nach dem Grundsatz, dass sie nur ihren eigenen Bedürfnissen folgen – ohne Rücksicht auf Grenzen. Ideal ist es deshalb, wenn man seine eigenen Wünsche auch mit der Bereitschaft zum Verzicht verbinden kann. Zum Beispiel erleben wir beim Fasten durch den Verzicht aufs Essen einen Gewinn an Freude für die Seele.

Viele Menschen sind nicht in der Lage, die rücksichtslosen Forderungen zu erfüllen, die aus überzogenem Wachstumsdenken an sie herangetragen werden – dann werden sie von unserer Hochleistungsgesellschaft als Störfaktoren abgestempelt, ausgegrenzt, ignoriert. Das beginnt schon im Kindergarten, setzt sich fort in der Schule, am Arbeitsplatz – und führt dazu, dass Menschen, auch wenn sie in bestimmten Bereichen durchaus noch leistungsfähig wären, aus dem Arbeitsprozess ausgegliedert werden. Ältere Mitarbeiter, vor allem weniger qualifizierte, haben heute fast keine Chance mehr, einen Arbeitsplatz zu finden. Kranke, Schwache, Alte, auch Behinderte, die den unmenschlichen Anforderungen nicht entsprechen, werden ausgemustert – mit dieser rücksichtslosen Entwicklung stoßen wir an die Grenzen menschlicher Würde. Wenn der Wert eines Menschen einer grenzenlosen Hybris geopfert wird, zerstören wir all unsere Beziehungen – und damit das Leben selbst. Es wäre aber falsch, Wachstum, Entwicklung und Erfolg nur negativ zu bewerten. Wachstum im körperlichen und psychischen, im geistigen und auch im spirituellen Bereich gehört zum Leben. Wichtig aber ist die Erkenntnis, dass es gesundes Wachstum nur innerhalb sinnvoller Grenzen gibt.

Im Alter errichten viele Menschen ganz bewusst Grenzen. Sie schotten sich regelrecht ab – aus Angst und Misstrauen gegenüber Eindringlingen. »Die sollen mir meine Ruhe lassen«, ist dann von ihnen oft zu hören. Dass sie damit aber auch Beziehungen verhindern, die ihr Leben dringend bräuchte, ist ihnen nicht bewusst. Sie wollen sich niemandem öffnen, verstecken ihre Gefühle – und führen sich damit selbst in Einsamkeit und Isolation.

Der Erzengel Gabriel

Nicht nur Menschen missachten Grenzen. Auch wenn Tiere machen, was sie wollen, gibt es Ärger. Ausgangspunkt für so einen Fall war die Werkstatt eines Oberammergauer Künstlers. Er hatte eine wunderbare Holzfigur geschnitzt: den Erzengel Gabriel, ganz naturgetreu, 1,27 Meter hoch, mit weit ausgebreiteten Flügeln, Spannweite 85 Zentimeter – ein echtes Meisterstück. Weil aber Künstler nicht nur von der Luft leben, sondern vor allem vom Verkauf ihrer Werke, stellte der Künstler seinen Erzengel Gabriel tagsüber immer vor die Werkstatt, um bei vorbeigehenden Passanten einen Kaufwunsch zu wecken. Leider wurden dabei auch Bedürfnisse ganz anderer Art angeregt: Hunde beschnüffelten nämlich den Erzengel Gabriel mit allergrößtem Interesse – und setz-

ten dann ihren Spritzer punktgenau zwischen Knöchel und Knie des hölzernen Geistwesens. Wie viele Markierungen der Oberammergauer Holzengel über sich ergehen lassen musste, ist nicht bekannt – es könnten Hunderte gewesen sein, bis eines Tages ein Tourist das Kunstwerk an der Straße entdeckte und kaufte. »Der Engel«, sagte er zu seiner Gattin, »passt in unserem Wohnzimmer genau in die Ecke zwischen dem Gummibaum und dem Bauernschrank.«
Seitdem steht der Erzengel Gabriel im Wohnzimmer des Kunstliebhabers und wird von Besuchern stets bewundert. Beim neuen Besitzer allerdings hält sich die Freude in Grenzen. Wenn nämlich Gäste kommen, die ihren Hund mitbringen, setzt sich fort, was an der Straße in Oberammergau begonnen hatte: Ob Dackel oder Terrier, ob Mops oder Bernhardiner – alle schnüffeln sie an der Holzfigur und setzen dann ihre Duftmarke ab. Dem kunstsinnigen Besitzer brechen diese animalischen Grenzüberschreitungen fast das Herz, aber den Trieben der Natur sind Hunde eben noch stärker ausgeliefert als wir Menschen.

Zweckfrei leben, aber ohne Gleichgültigkeit

Am Vorabend ihres 100. Geburtstags wurde für Josefine Wagner in der Klosterkirche ein Gottesdienst gefeiert. Als man sie dazu abholen wollte, war sie nicht da. Alle warteten vor dem Wirtshaus – und dann kam sie, fein angezogen und im Pelzmantel, aus dem Hühnerstall.

»Ich hab die Hendln eingesperrt und das Tor zugemacht, sonst kommt der Fuchs und frisst sie. Morgen ist auch noch ein Tag.«

Lindenwirtin Josefine Wagner

Es ist ein Kennzeichen unserer Zeit, dass unser Leben total »verzweckt« wird. Alles, was wir denken und tun, muss einen Zweck erfüllen. Schon kleine Kinder werden in diesen Teufelskreis hineingetrieben: Ehrgeizige Mütter fahren die Kleinen vom Ballettunterricht zum Tennislehrer, von der Klavierstunde zum Schwimmlehrgang, vom Bastelkurs zur rhythmischen Gymnastik. Die Kinder haben kaum noch Zeit für freies Spielen, und viele können es nicht mehr.

Später im Beruf ist die Gefahr besonders groß, dass wir Zweck mit Sinn verwechseln. Wenn ein Mensch sein Leben nur darauf ausrichtet, dass er möglichst viele Erfolge erzielt, fehlen ihm die Freiräume, die ungeplant Freude bereiten. Deshalb soll sich niemand unter Druck setzen – weder beim Sport noch beim Hobby im Keller, weder beim Reisen noch bei Wochenend-Terminen. Wer diese zweckfreie Grundhaltung missachtet, führt sich selbst in immer größere Zwänge hinein, die das ganze Leben bestimmen und die freie Entfaltung der Persönlichkeit, jede Kreativität und Lebensfreude zerstören. Die Erfahrung zeigt sogar, dass dieser künstlich aufgebaute Druck in der Arbeit schlechte Ergebnisse zur Folge hat. Ältere Menschen hören in ihrem Betrieb häufig den Vorwurf, sie seien nicht mehr in der Lage, die vorgegebenen Ziele zu erreichen. So eine Äußerung des Chefs bedeutet im Klartext, dass dieser Mitarbeiter zum alten Eisen gehört und schleunigst ausgewechselt werden muss, sonst verfehlt eventuell das Unternehmen seine geplante Umsatzrendite um 0,02 Prozent. Dass man dem betroffenen Mitarbeiter mit dieser Einstellung den Boden unter den Füßen wegreißt und ihm das Gefühl gibt, er sei für die Gesellschaft nutzlos geworden, scheint kaum jemanden zu interessieren – Hauptsache, das Ziel wird erreicht. Hier zeigt sich ein bedrückender Fehler in unserem gesellschaftlichen System.

Umso sinnvoller ist es, dass alte Menschen ihren Lebensabend anders gestalten, indem sie nach Möglichkeit jeden Erfolgsdruck vermeiden. Die bewusste Zweckfreiheit gibt ihrem Leben seinen Sinn zurück und schenkt dem Menschen neue Freude und Kreativität. Alte Frauen und Männer müssen sich ihren Selbstwert wieder bewusst machen, der sich im wahrsten Sinn des Wortes von all den Werten unterscheidet, die man für Beurteilungen gerne heranzieht – vom Marktwert der hergestellten Produkte bis zum Blutdruckwert in der Arztpraxis. In einer Welt, in der alle rastlos unterwegs sind und zwischen Auto und Flugzeugen, zwischen Intercity-Zügen und Fahrstühlen hin und her rennen, muss es auch Menschen geben, die einfach nur »da« sind – die Alten. So verrückt es klingen mag: Für unsere überdrehte Gesellschaft könnte allein die Präsenz der alten Menschen ein stabilisierender Beitrag sein, der allen guttut. Die Dreijährigen im Kindergarten brauchen weniger einen Computer, sondern eine Großmutter, die ihnen Märchen und Geschichten vorliest. In unseren modernen Erziehungssystemen werden diese Traditionen oft unterschätzt, und für die ältere Generation könnten solche gesellschaftlichen Aufgaben dem Leben neuen Sinn geben – frei von Erfolgsdruck und Verzweckung. Haustiere sind dafür ein gutes Beispiel: Eine Katze, der Hund oder der Wellensittich erfüllen keinen Zweck – sie sind einfach da und machen den Menschen Freude. Da fragt man sich: Warum ist diese Wertschätzung bei Tieren vorhanden, aber nicht bei alten Leuten?

Im Grundgesetz heißt es: Die Würde des Menschen ist unantastbar. Von Arbeit oder Leistung ist an dieser Stelle nichts zu lesen. Ein Mensch ist wertvoll, weil er »da« ist. Eine Gesellschaft, die das missachtet, schadet sich selbst. Die Gleichgültigkeit gegenüber den Alten und deren eigene Apathie führen zu einer Interesselosigkeit, die sich wie ein Krebsgeschwür übers Volk ausbreitet.

Was können ältere Menschen dagegen tun? Das wirksamste Mittel ist wahrscheinlich, dass sie wieder Wertschätzung für sich selbst entwickeln. Das kann damit beginnen, dass man sich äußerlich und innerlich pflegt, dass man die eigene Zeit nicht totschlägt, sondern sich bewusst bewegt – körperlich und geistig. Auch dass man Frieden schließt mit sich und seinem Leben, kann alten Menschen helfen, Sinn, Freude und Harmonie zu empfinden. Noch wichtiger ist der Umgang mit einem der wertvollsten Luxusgüter der Gegenwart: Zeit! Ältere Menschen besitzen diese Kostbarkeit im Übermaß – zum Nachdenken übers eigene Leben, für ein Gespräch mit Kindern und Enkeln, mit Nachbarn und Freunden, fürs Engagement in Vereinen oder Institutionen, zum Lesen oder Musikhören. Sie müssen nur aufpassen, dass sie dabei nicht wieder in die früheren Verhaltensmuster zurückfallen und sich selbst unter Erfolgsdruck setzen. Auch die ruhige, gelassene Auseinandersetzung mit der Natur, mit der Schöpfung verhindert, dass der Mensch bei seinen Aufgaben wieder in alte Zwänge und übertriebene Ziele hineingerät.

Im Alter kann man sich in aller Ruhe aussuchen, wem man die reichlich vorhandene Zeit »schenkt« – sich selbst oder anderen. Leider verkennen viele diese Chance. Sie setzen sich von früh bis spät vor den Fernseher und lassen eine Sendung nach der anderen über sich ergehen – so vernichten sie das Luxusgut Zeit.

»Einfach schauen« ist wie eine Meditation

Überall in der Welt gibt es Völker mit besonderen Veranlagungen, die sie unverwechselbar machen: Indianer können in der Wildnis Spuren lesen, Amerikaner sind in der Lage, mit Kaugummi im Mund zu sprechen, nepalesische Scherpas schleppen scheinbar mühelos zentnerschwere Lasten auf die höchsten Berge hinauf, und auf einer fernen Insel leben Eingeborene, die auf Stangen im Meer hocken und mit dünnen Speeren Fische aufspießen.

Auch in Franken hat sich im Laufe der Jahrhunderte eine Charaktereigenschaft entwickelt, die den Menschen prägt: Die Franken schauen nämlich gerne einfach vor sich hin. Sie selbst nennen es: »A weng bleed schaua!« Mag sein, dass diese Form des Schauens auch in anderen Volksgruppen anzutreffen ist, aber zwischen Nürnberg und Würzburg, zwischen Donau und Main ist sie besonders stark verbreitet.

»Einfach schauen« ist ein völlig entspannter Zustand, bei dem man mit offenen Augen das Leben langsam an sich vorbeiziehen lässt. Da wird nicht ein bestimmter Punkt scharf fixiert, sondern man schaut einfach von innen nach außen. Es ist gewissermaßen die fränkische Variante des Meditierens, wie man es sonst nur von indischen Yogis kennt – man muss sich nicht einmal in den komplizierten Schneidersitz niederhocken, bei dem einem schon nach einer Viertelstunde alle

Knochen wehtun und man das Gefühl hat, dass einem alle Gelenke festgeschraubt sind, sodass ein Aufstehen ohne fremde Hilfe nicht mehr möglich ist. »Einfach schauen« kannst du ohne jede Anstrengung auf einer Bank hinterm Haus oder auf einem Stuhl im Straßencafé, wo der ganze menschliche Zoo an dir vorüberzieht: Männer mit Glatze und dickem Bauch, junge Mädchen mit Schlüsselanhängern in der Nase, ein Dackel, der sein Spritzerchen ans Hosenbein eines Mannes macht, während dieser gerade auf den Bus wartet. »Einfach schauen« kostet nichts und ist die beste Medizin gegen Stress, gegen zu hohen Blutdruck und gegen zu viel Cholesterin.

Vergessene Wege wiederfinden

*Es gab in meinem Leben immer wieder auch gute Zeiten. An
vieles kann ich mich nicht genau erinnern, weil der Kopf nicht
mehr so ganz mitmacht. An Enttäuschungen erinnere ich mich
nicht so gerne, lieber an die schönen Zeiten.*

Lindenwirtin Josefine Wagner

Jeder Mensch hat in seinem langen Leben Wichtiges, Sinnvolles
erlernt – und vergessen. In den Ereignissen seines Lebens sind
viele Eindrücke wieder verschüttet worden – gute wie schlechte.
Im Alter kann sich der Mensch diese vergessenen Wege wieder
in Erinnerung rufen, indem er darüber nachdenkt, was ihm früher Kraft gegeben hat oder was ihm schlecht bekommen ist. Es
ist eine Rückschau auf das eigene Leben – als Kind, als Heranwachsender, in der Schule, später im Beruf und in der Familie.
Erfolge und Niederlagen tauchen auf, harmonische Erlebnisse
und Abstoßendes. Dieser Blick auf die Vergangenheit macht dir
bewusst, dass du in den Mühen des Lebens vieles vergessen hast,
was dir gutgetan hat. Bei manchen Erinnerungen fragst du dich,
warum du eigentlich nie versucht hast, diese wohltuenden Erfahrungen bewusst wieder ins Leben hereinzunehmen und dich
darüber zu freuen.

Viele alte Menschen neigen dazu, nur die negativen Bruchstücke ihres Lebens zu betrachten: Niederlagen, Katastrophen, Todesfälle. Aber das Wiederfinden der vergessenen Wege ist viel
umfassender als die einseitige Erinnerung an Unglücke; denn es
schließt neben den Enttäuschungen auch die glücklichen Stunden ein, Freude und Harmonie. Dabei ist es weniger wichtig,
dass man sich diese Eindrücke bloß für ein paar Momente in die
Erinnerung ruft, sondern auf Spurensuche geht, um herauszufinden, warum einem dieses oder jenes Erlebnis so viel Kraft gege-

ben hat. Entscheidend ist dabei, ob es gelingt, die damalige Freude in die Gegenwart hereinzuholen. Ein alter Mensch kann anderen etwas von seinen vergessenen Wegen erzählen und damit Erfahrungswissen weitergeben, aber vor allem sollte er eine Brücke zu seiner eigenen Gegenwart herstellen. Wenn zum Beispiel eine Frau früher gerne gekocht hat, aber im Laufe der Zeit immer mehr auf Fertiggerichte übergegangen ist, dann könnte sie im Alter ihren vergessenen Weg wieder neu beschreiten – und mit Freude Zutaten einkaufen, kochen und essen, am besten sogar mit anderen Menschen gemeinsam. Oder ein Rentner, der sich früher immer über sein Kräuterbeet hinterm Haus gefreut hat, aber später keine Möglichkeit mehr hatte, Kräuter anzusäen – er kann jetzt auf seinem Balkon das verloren gegangene Hobby wieder pflegen. Das Wiederfinden vergessener Wege ist wie das Wiederentdecken von Leben. Es darf aber nicht dabei bleiben, dass man von der alten Zeit nur erzählt wie ein Kriegsveteran von der Kameradschaft im Schützengraben – man sollte die vergessenen Wege bewusst wieder aktivieren, ohne sich dabei zu überfordern. Natürlich wird sich manches nicht einfach in der Gegenwart wiederholen lassen, aber schon die geistige Auseinandersetzung mit früheren Erfahrungen ist hilfreich und anregend.

Auch religiöse Eindrücke finden sich häufig in den vergessenen Wegen, vor allem als Bilder aus der Kindheit: das abendliche Gebet der Mutter am Bett, gemeinsam gesungene Lieder, die erzählten Geschichten aus dem Leben Jesu, der Heiligen und der Engel, der geschmückte Christbaum, die Weihnachtsplätzchen. Erstaunlicherweise sind sogar bei Demenzkranken, die sonst kaum noch ansprechbar sind, Gefühlsregungen deutlich wahrnehmbar, wenn sie solche Lieder oder Geschichten hören. Offenbar handelt es sich bei religiösen Erinnerungen um elementare Erfahrungen, die den Menschen ein Leben lang begleiten und ihm Sicherheit geben – auch wenn sie lange Zeit verschüttet waren. Deshalb ist es im Alter sinnvoll, sich auch die religiösen Bilder ins Gedächtnis zu rufen, um die kindlichen Erfahrungen vielleicht in der Gegenwart wieder zu nutzen.

»Kennst du mich noch?«

Menschen sind neugierige Wesen – und seitdem im Fernsehen ständig Kandidaten zu allen möglichen Themen befragt werden, ist Quiz auch im Alltag ein beliebtes Unterhaltungsspiel geworden. Wahrscheinlich ist es jedem schon einmal passiert, dass mitten in der Stadt, beim Wiesenfest oder im Wirtshaus plötzlich ein Fremder vor dir steht und die Frage stellt: »Kennst du mich noch?«

Meistens hat man keine Ahnung, wer der Unbekannte ist, der dich jetzt wie hypnotisiert anschaut. Und weil man nicht unhöflich sein will, windet man sich mit ein paar belanglosen Sätzen um den schwierigen Moment herum – in der Hoffnung, eine Eselsbrücke zu finden. »Irgendwie kommt mir das Gesicht bekannt vor«, ist dann eine der gängigen Formulierungen. Genau das sagte Franz, als ihn kürzlich ein Mann auf der Straße ansprach und sofort in der angeblich gemeinsamen Vergangenheit herumstocherte. »Na – kannst du dich wirklich nicht mehr an mich erinnern?«, bohrte der Quizmeister weiter und gab dann einen ersten Tipp: »Ich sage bloß: zweite Klasse Volksschule, letzte Bank hinten neben dem Kohleofen.«

Der Franz rechnete blitzschnell im Kopf: Das Ereignis musste 63 Jahre zurückliegen, aber viel Zeit zum Nachdenken hatte er nicht, denn der Unbekannte drängelte schon wieder: »Und?! Weißt du jetzt, wer ich bin?«

Der Franz wusste es nicht. Er saß in der Falle. Aber sein ehemaliger Klassenkamerad ließ nicht locker. »25 Jahre nach der Schule haben wir uns auf dem Oktoberfest in München getroffen«, grinste er, »damals warst du mit dieser schwarzhaarigen Helga unterwegs, die ganz scharf auf dich war.« In diesem Moment trat Gertraud, die Gattin von Franz, aus dem Schuhgeschäft heraus – sie hörte noch den letzten Satz. »Was war das für eine Schwarzhaarige?«, wollte sie gleich wissen, und damit war schon die nächste Quiz-Runde eingeläutet. Der arme Franz konnte sich weder an den alten Schulfreund noch an die schwarzhaarige Helga erinnern. Er atmete auf, als der fremde Mann, der sich dann als ein gewisser Fritz vorstellte, endlich davon ging – ziemlich beleidigt. Und seine Gertraud sprach wegen der geheimnisvollen Schwarzhaarigen fast eine Woche lang kein Wort mit ihrem Franz.

Weitergeben von Geist:
die Brücke der Generationen

Die Arbeit muss man teilen, das Leben muss man teilen – auch
die Freude und das Leid, sonst geht man unter, wird miesel-
süchtig und verzagt.

Lindenwirtin Josefine Wagner

Was kann ein alter Mensch der nachrückenden Generation –
außer einer Erbschaft – noch geben? Auf jeden Fall sein Erfahrungswissen, das sich in einem langen Leben angesammelt hat.
Dazu gehören vor allem Lösungsvorschläge bei Konflikten und
Krisen oder auch Hinweise zur Bewältigung des alltäglichen
Lebens. Da geht es nicht um ein paar Allgemeinrezepte, die man
auch in allen möglichen Ratgeber-Büchern nachlesen könnte,
sondern um Erfahrungen aus dem eigenen Leben, um Kämpfe
und Ermutigungen. Es sind nicht nur schöne und erbauliche
Erinnerungen, die hochkommen, sondern auch Unerfreuliches,
Trauriges – vielleicht sogar Erfahrungen, in denen Leid und Tod
auftauchen. Es geht um Haltungen, aus welchem Geist heraus
das Leben zu meistern ist. Das Weitergeben eines solchen Geistes
bedeutet auch, dass man Generationen übergreifend die Nachfolgenden zu einer Grundhaltung ermutigt, die geprägt ist von
Standhaftigkeit, von Nächstenliebe, von Tapferkeit. Diese Tugenden und Beispiele aus einem langen Leben haben auch in der Gegenwart ihren Wert. So können Ereignisse von früher einfließen
ins Heute – und jungen Leuten Hinweise zur Lösung ganz aktu-
eller Probleme geben. Solche Erinnerungen sind keine amüsan-
ten Geschichtchen aus längst vergangenen Tagen, sondern ganz
konkrete Schilderungen von jemandem, der auf die reichen Erfahrungen eines langen Lebens blicken kann. In ihnen drückt
sich die Reife desjenigen aus, der sie erlebt und aus ihnen gelernt

hat. So wird das Weitergeben von Geist eine Ermutigung und Bestärkung für Jüngere, selbst auch Wege zu gehen, die nicht immer nur bequem sind. Freilich soll nicht der Eindruck entstehen, dass man in der Rückschau verklärt nur von hehren Ereignissen oder Heldentaten berichtet, sondern von oft sehr einfachen Erlebnissen, die aus der heutigen Distanz anders gesehen werden als zu dem Zeitpunkt, als sie passiert sind. Vielleicht hat man früher auch nicht immer gleich die richtige Entscheidung getroffen, sondern sich in einer kritischen Situation eher durchgemogelt – auch das gehört zu den Erkenntnissen eines Lebens.

Die Weitergabe von Erfahrungswissen muss getragen sein von dem Respekt und der Ehrfurcht gegenüber den jungen Menschen, denen man die Brücke zur Gegenwart bauen möchte. Sie sollen nicht am Leben verzweifeln, auch wenn Schwierigkeiten und Schattenseiten auftreten. Mit dem Eingestehen eigener Fehler steigt zugleich auch die Glaubwürdigkeit der Erzählungen; denn niemand kann ein fehlerfreies Leben führen.

Die Achtung vor den Jüngeren darf aber auch Kritik nicht ausschließen. Ein alter Mensch braucht sich nicht zu scheuen, unverblümt die Wahrheit zu sagen. Wenn ein Kind oder Enkelkind eine falsche Entscheidung gefällt hat, dann kann der Großvater diesen Fehler offen und unmissverständlich ansprechen – er muss dazu nicht um den heißen Brei herumreden.

Auch für einen selbst sind Reflexionen über das Leben wichtig. Namens- oder Geburtstage und wichtige Gedenktage des Jahreskreises eignen sich besonders gut, um das eigene Leben anzuschauen: Wie es früher gewesen ist, was man verändert hat, was man heute tut oder unterlässt. Den Geist kann nur glaubwürdig weitergeben, wer vorher selbstbewusst über sein eigenes Leben nachgedacht hat!

Mehr Beispiel, weniger Worte

Vorbilder sind überzeugender als tausend Belehrungen. Diese Erfahrung ist besonders wichtig, wenn man der nachfolgenden Generation etwas mit auf den Weg geben möchte. Eine alte Volksweisheit sagt: Worte belehren, Beispiele begeistern! Endloses Reden heißt noch lange nicht, dass dadurch eine echte Kommunikation, ein Austausch oder eine Beziehung zwischen den Menschen entsteht. Viel wirksamer ist das gute Beispiel, das du vorlebst. Denn was du tust und wie du etwas tust, zeigt deine Grundhaltung. Zu viele Worte und lange Diskussionen ermüden dein Gegenüber. Im gegenwärtigen Informationszeitalter haben Worte Inflation, echte Handlungen sind dagegen selten geworden.

Es ist nicht sehr intelligent, ein Gespräch durch die ständige Wiederholung längst bekannter Argumente immer weiter auszudehnen. Langatmiges Ausdiskutieren der allerletzten Details schlägt oft nur die Zeit tot – zum Schluss weiß kaum noch einer, worum es inhaltlich wirklich gegangen ist. Oft drückt die Diskussionswut nur aus, dass man sich ums konkrete Handeln drücken will.

Die Wortschwemme kann zurückgedrängt werden durch Tun, durch Zeichen, durch beispielhaftes Verhalten, durch kluges Abwägen und entschlossenes Anpacken. Wenn ein Thema erschöpft ist, muss Schluss sein mit dem Herumschwadronieren. Dann ist es Zeit zu handeln, Verantwortung zu übernehmen oder eine Entscheidung bewusst zu vertagen.

Kinder quengeln gerne, wenn sie abends ins Bett gehen sollen. Es gibt oft langes Bitten und Betteln – die Kleinen wollen noch fünf Minuten aufbleiben, dann noch einmal fünf Minuten und schließlich noch zwei Minuten. Da haben lange Diskussionen wenig Sinn. Zu einem bestimmten Zeitpunkt muss die Mutter abbrechen und klar entscheiden, dass jetzt Schluss ist. In der Regel des heiligen Benedikt heißt es, dass der Abt mehr durch sein authentisches Leben, durch sein Beispiel und sein Handeln überzeugen soll als durch seine Worte.

Mit sich und dem Leben Frieden schließen

Früher habe ich am liebsten Romane gelesen, vor allem Lie-
besromane – immer, immer, immer. Wenn ich eine Minute frei
hatte, habe ich gelesen. Jetzt hab ich mir das Lesen abgewöhnt,
weil ich immer einschlafe. Ich lese eine Seite – und dann weiß
ich nicht mehr, was war.

Lindenwirtin Josefine Wagner

Frieden zu schließen mit sich und mit den Ereignissen des
Lebens, ist eine Fähigkeit, deren Bedeutung viele Menschen un-
terschätzen. Wenn ein Vorgang gut ausgegangen ist, fällt es
leicht, ihn abzuschließen – sehr viel schwieriger ist es, Situationen in Frieden zu beenden, an die man schlechte Erinnerungen
hat. Einem Soldaten wird es nicht leichtfallen, seine Kriegserleb-
nisse bewusst abzuschließen, ohne sie nur zu verdrängen – und
mancher Erbstreit hinterlässt jahrelang bittere Spuren, wenn
sich einige Erben ungerecht behandelt fühlen. Solche ungelösten
Auseinandersetzungen in Frieden zu beenden, erfordert von den
Betroffenen eine Grundhaltung, die getragen ist von Vergebung
und Versöhnung.

Die meisten Menschen schleppen ihre Probleme ein Leben
lang mit sich herum. Dabei geht es nicht nur um andere, sondern
häufig um einen selbst. Wer ständig mit sich unzufrieden war
und sich seine Fehler dauernd vor Augen führt, verbittert mit
seinen Selbstzweifeln das eigene Leben. Spätestens im Alter ist es
höchste Zeit, mit den offenen Baustellen seines Lebens Frieden
zu schließen. Das bedeutet nicht, dass man alle Probleme lösen
muss – viele Ereignisse aus der Vergangenheit können nicht
mehr geändert werden. Wenn ein Kind vom Vater ungerecht behandelt wurde, ist ein Aufarbeiten in der Gegenwart wahrscheinlich gar nicht möglich, weil der Vater längst tot ist. Dann

bleibt nur die Bereitschaft, ihm zu verzeihen, zu vergeben – und damit den Fall endgültig zu beenden. Nur so kann die Bitterkeit über das erlittene Unrecht aus dem Bewusstsein verschwinden, sonst taucht sie in Abständen immer wieder auf und verletzt stets aufs Neue. Vielleicht kann man einen Schlussstrich leichter ziehen, wenn man das Grab des Vaters aufsucht und ihm dort vergibt. Andere holen sich ihren ungelösten Konflikt bewusst ins Gedächtnis und verzeihen, ohne dass sie dazu einen besonderen Schritt tun oder ein Ritual anwenden. Manchmal ist es auch hilfreich, dass man sich den belastenden Vorgang aufschreibt – und das Papier verbrennt. Oder der Mensch erzählt die ganze Geschichte jemandem, dem er vertraut; denn auch mit einem Gespräch lassen sich alte Probleme endgültig abschließen.

Frieden machen heißt nicht, etwas zu beschönigen, zu verharmlosen oder zu verdrängen, sondern loszulassen. Diese »Seelenhygiene« kann jeder erlernen, er muss sie nur einüben. Die tägliche Versöhnung ist notwendig, weil – so sagt der heilige Benedikt in seiner 1500 Jahre alten Ordensregel – »es Ärgernisse gibt, die wie Dornen verletzen«. Leider sind viele Menschen auch im Alter nicht bereit, sich zu versöhnen und zu verzeihen. Sie wollen ihre »Kampfplätze« nicht aufgeben und nehmen in Kauf, dass sie in Unfrieden leben. Aber nie endende Schuldzuweisungen oder die scheinbar ewig auftauchende Ungerechtigkeit – was sich trotz aller Bemühungen nicht verändern lässt, kann nur beendet werden durch Vergeben. Kein Deutscher kann den Wahnsinn, den die Nazis an den Juden begangen haben, je wiedergutmachen. Es bleibt ihm nur die ständige Einübung einer inneren Grundhaltung, dass er alles tun wird, um solche Gräuel künftig zu verhindern – und die Aussöhnung mit den Juden, die ihrerseits mit ihrer Bereitschaft zur Vergebung, nicht zum Vergessen, ebenfalls dazu beitragen, den Brückenschlag in die Gegenwart zu machen.

Frieden schließen bedeutet auch, auf eine ganz neue Art Verantwortung zu übernehmen. Das Problem wird zwar nicht aus dem Gedächtnis gelöscht, aber es bekommt eine andere Dimension, weil ich es innerlich in Frieden abgeschlossen habe. Es stellt mich dann nicht immer wieder vor den Konflikt, der mich belastet, den ich aber nicht lösen kann.

Frieden zu schließen mit den offenen »Baustellen« des Lebens, ist sinnvoll, doch ebenso wichtig ist es, im Alter ganz bewusst jeden einzelnen Tag versöhnlich zu beenden. Am Abend tut es gut, den Tag zu reflektieren und all das noch einmal in Gedanken vorüberziehen lassen, was er gebracht hat. Aber man sollte die einzelnen Geschehnisse nicht bewerten, sondern sie einfach betrachten und annehmen – so war es eben. Es macht wenig Sinn, bestimmten Ereignissen nachzutrauern. Sie sind vorbei, unwiderruflich.

Die abendliche Reflexion sollte möglichst nicht erst stattfinden, wenn man schon im Bett liegt, sonst ist man dafür zu müde und schläft gleich ein. Viele führen sie auch als Ritual durch. Wenn sie zu Hause sind, zünden sie eine Kerze an, setzen sich ein paar Minuten hin und betrachten den zurückliegenden Tag. Andere legen eine gute Musik auf oder meditieren oder kümmern sich um ihre Blumen. Wie immer man den Tagesabschluss im Einzelnen gestaltet: Es tut gut, den Tag nicht beliebig auslaufen zu lassen, sondern ihn bewusst in Frieden abzuschließen. Der heilige Benedikt sagt in seiner Regel: »vor Sonnenuntergang Frieden schließen«.

Das Testament machen

Eine andere Form des Friedenschließens betrifft das Testament. Wer im Alter mit sich ins Reine kommen will, muss sein Leben ordnen – und dazu gehört es, sich über seinen »letzten Willen« klar zu werden. Viele scheuen sich, darüber nachzudenken, zu entscheiden und ihn niederzuschreiben, weil sie Angst vor dem Tod haben. Wir schieben den Gedanken gerne beiseite, dass der Tod eine Realität des Lebens ist – und dass jeder so leben sollte, als sei es seine letzte Stunde. Wenn ein Mensch sein Leben ordnet, kann er diese Furcht vor dem Tod überwinden und neuen Mut zum Leben finden.

Ein Testament soll nicht nur die äußeren, materiellen Angelegenheiten regeln, sondern auch die inneren Anliegen. Damit sind tatsächlich schwierige Entscheidungen verbunden, denn die Eindeutigkeit, die das Testament von einem Menschen fordert und vor der er sich im Leben oft gedrückt hat, wird ihm jetzt bewusst. Er muss Klarheit schaffen, was für ihn Gewicht und Bedeutung hat. Wenn er die äußeren Dinge regelt, kommt er auch mit den inneren wieder ins Reine. Manche Menschen setzen allerdings mit ihrem Testament zum letzten Mal ihren Willen durch, der den Unfrieden nicht beendet, sondern getragen ist von Sturheit und Rücksichtslosigkeit, oft sogar von Falschheit. Doch wer mit dem Testament nur an jemandem Rache nehmen und ein letztes Mal zeigen will, »wer der Herr im Hause ist«, wird keinen Frieden finden. Nicht selten haben die Menschen auch Angst vor äußerem Verlust, obwohl sie wissen, dass sie über den Tod hinaus nichts mitnehmen können. Die materiellen Dinge belasten dann das Leben und verhindern, dass man auf dem inneren Weg vorankommt. Sie stören auch die Beziehung zu anderen. Deshalb ist es gut, sich darüber klar zu werden, was man im Leben will und was man – über den Tod hinaus – nicht möchte.

Ein Mensch, der sein Testament gemacht hat, wird in seiner Grundhaltung meistens auch von seiner Umgebung klarer wahrgenommen als vorher, weil er seinen Willen in jedem Augenblick seines Lebens unmissverständlich zeigt. Beim Autofahren ist es ganz ähnlich – da lautet eine Grundregel: einschätzbar fahren! Das erfordert vom Fahrer, dass er Zeichen gibt, die jeder versteht: Wer rechts blinkt und nach links abbiegt, wird ein Chaos anrichten. Das Leben zu ordnen und mit sich selbst ins Reine zu kommen, beendet den ewigen Zickzackkurs zugunsten einer unmissverständlichen Klarheit, die den neuen Weg charakterisiert. Für viele alte Menschen kann diese Neuorientierung den Kopf frei machen und zum Herzen führen – zum eigenen wie zu den Herzen anderer Menschen.

Die Müllkiste des Lebens

Elly Lichtenberg war die fantastischste Bilderstrickerin in New York und stellte in den besten Galerien der Stadt aus. Von Beruf war sie Stoff-Designerin und musste sich mit 65 zur Ruhe setzen. Ihr kleines Atelier, in dem sie bisher ihre Stoffentwürfe gemacht hatte, löste sich auf. Übrig blieb ein großer Korb mit Stoff- und Wollresten, mit Knöpfen, Steinen, Holzstücken und Glasperlen, mit Garnen und verschiedenfarbenen Muscheln. Es war einfach zu schade, diese Dinge wegzuwerfen. Deshalb fragte sie sich: Was soll ich bloß anfangen mit all dem, was mir die Arbeit und das Leben übrig gelassen haben?
Die meisten Menschen hätten all dies wahrscheinlich als Müll entsorgt: Ramsch, überflüssiges Zeug – weg damit! Bei Elly Lichtenberg aber verband sich mit jedem Stück, mit jedem Faden eine Geschichte, ein Gedanke, eine Erfahrung. So

etwas sammelt sich in einem langen Leben an – nicht nur in Körben, sondern auch in den Kellern und Speichern der Seele. Nicht alles ist schwierigen Lebenssituationen entsprungen. Es gab auch Glanzzeiten und Erfolge, Anfänge und Abschiede. Oft liegen in der Seelenkiste kaum spürbare Erinnerungsfetzen – Gott sei Dank bleibt nicht alles im Bewusstsein, sonst würden wir wahrscheinlich am Seelenmüll ersticken.

Elly Lichtenberg also stand vor den Woll- und Stoffresten ihres langen Lebens und überlegte, was sie damit machen sollte. Der Container drunten auf der Straße hätte die Überbleibsel schnell geschluckt, aber doch nichts gelöst. Liebevoll ordnete sie deshalb ihren »Müllberg« nach Farben und Material. Wenigstens Ordnung wollte sie in diesem Chaos schaffen – es ging immerhin um einen Teil ihres Lebens.

Die Arbeit fiel ihr nicht immer leicht. Da waren Wollreste, die sie an Misserfolge und Niederlagen erinnerten. Farben, die sie geliebt hatte, deretwegen jedoch mancher Stoffentwurf abgelehnt wurde. Da waren Muscheln, die sie nach einer Trennung bei einem Strandspaziergang gefunden hatte, und glitzernde Glasperlen aus der Halskette einer Freundin, die an Leukämie gestorben ist. Sie fand getrocknete Pfirsichkerne und Nüsse, die sie einmal einpflanzen wollte. Jeder einzelne Gegenstand hatte seine eigene Geschichte und Spuren im Leben hinterlassen, unmerkliche, unscheinbare, schmerzende und schöne Spuren.

So begann Elly Lichtenberg eines Tages, in einem Holzrahmen Fäden zu spannen, miteinander zu verbinden und zu verknüpfen und sie mit den Muscheln und Knöpfen, den Nüssen und Steinchen in Beziehung zu setzen. Daraus entstand das erste ihrer Bilder, um die sich mittlerweile Kunstinteressierte und Liebhaber aus der ganzen Welt reißen.

Und ihr Rheuma? »Ich beachte es, aber nur solange es mir guttut«, sagte sie einem Besucher, »und du wirst es nicht glauben: Manchmal gehen ungelenke Finger ihre eigenen Wege und bringen Nuancen in ein Bild, die gesunde Finger nie schaffen würden. Der Schatten der Krankheit gibt dem Bild eine unglaubliche Kraft – wie jeder Schatten auf einem Bild oder in der Seele eines Menschen.«

Elly Lichtenberg starb mit weit über 80 auf dem Höhepunkt ihrer Karriere vor einem gerade fertig gestellten Bild. Die Müllkiste mit den Wollresten war fast leer. Und auf dem Küchentisch lag ein Zettel, den sie wohl unmittelbar vor ihrem Tod geschrieben hatte: »Es ist wieder einmal das letzte und allerschönste Bild, das ich je gemacht habe.«

Die Unbegründbarkeit des Leidens

*Das Leben kommt, wie's kommt – du kannst es dir nicht
aussuchen. Wenn du immer wissen willst, warum, kommst du
an kein Ende. Dann spekulierst du immer weiter, aber es gibt
keine Antwort.*

Lindenwirtin Josefine Wagner

Es gehört zur Realität des Lebens, dass im Alter Leid und
Schmerzen häufiger auftreten als früher. Jeder verursacht oder
erfährt im Laufe seines Lebens auf vielfache Weise Leid: durch
schlechte Gedanken und übles Reden, durch negative Gefühle
und falsches Handeln – oft auch durch Schicksalsschläge oder
Krankheiten. Bei körperlichen Schmerzen kann man die Ursache meistens gleich erkennen, aber bei seelischem Leid sind die
Auslöser oft nur schwer zu finden – und ganz schwierig ist es,
den Sinn zu verstehen, der sich dahinter verbergen kann: Warum bin ausgerechnet ich von dieser Krankheit, von diesem
Schicksalsschlag betroffen? Darauf gibt es keine wirklich überzeugende Antwort. Leid gehört zum Leben – und das Leben hat
auch Schattenseiten. Es ist nicht berechenbar, viele Ereignisse
sind rational nicht zu erklären. Der Mensch hat keine andere
Wahl, als Leid genauso anzunehmen wie Glück – es sind zwei
Seiten derselben Medaille. Dabei hilft jedoch eine Eigenschaft,
die der Mensch im Laufe seines Lebens bei sich entwickeln kann:
Gleichmut – nicht Gleichgültigkeit.

Aus den Erfahrungen von Freude und Leid kann sich die
höchste Form von Menschsein entwickeln: Nächstenliebe. In
einer Krankheit entfalten Menschen ihre Fähigkeit zu gegenseitiger Hilfe, zu Solidarität und Mitgefühl; die Schwäche des anderen ist der Nährboden, auf dem Liebe und Hilfsbereitschaft
wachsen können. Erfahrungsgemäß rücken Menschen, ja ganze

Völker im gemeinsam erlebten Glück oder im Leid besonders eng zusammen – die deutsche Wiedervereinigung 1989 ist dafür ebenso ein Beispiel wie die Hilfsbereitschaft nach Naturkatastrophen.

Leid kann man nicht begründen oder rechtfertigen, aber es lässt sich verwandeln – durch Solidarität, Liebe und Hingabe. Insofern ist Leid auch nicht sinnlos: Es stellt für den Menschen eine Chance zur Transzendenz dar, weil er es umwandeln kann. Wenn irgendwo Leid entstanden ist, darf niemand wegschauen, sondern allein oder gemeinsam mit anderen muss man versuchen, den entstandenen Schaden wiedergutzumachen, den Schmerz zu lindern, ihn auf eine andere Ebene zu transformieren.

Es wäre falsch, Leid zu verachten – im Gegenteil: Vor dem persönlichen Leid eines Menschen, vor dem Schicksal eines Landes, vor dem von einer Naturkatastrophe heimgesuchten Bergdorf und vor allem vor den betroffenen Menschen muss man Ehrfurcht haben. Erklärungsversuche, warum es dazu gekommen ist, bringen wenig, meist nur rationale oder technische Begründungen. Viel wichtiger ist es, dass man in seiner eigenen Grundhaltung eine Ehrfurcht vor dem Leid und für die betroffenen Menschen entwickelt – unabhängig von Ursache und Schuldfrage. Die Polizei, die Feuerwehren und all die anderen Hilfsorganisationen machen es tagtäglich vor: Sie kommen und helfen, ohne lange zu fragen, wer das Unglück verursacht hat. Das wird später geklärt!

Die Umwandlung von Schmerz

Für alte Menschen ist körperlicher oder seelischer Schmerz ein wichtiges Zeichen des Lebens. Er zeigt an, dass im Körper oder in der Seele etwas nicht in Balance ist – und wird damit zu einem bedeutenden Signal, um eine Krankheit rechtzeitig zu erkennen. Deshalb ist es nicht immer klug, den Schmerz sofort mit Medikamenten zu beseitigen, ihn zu ignorieren oder märtyrerhaft zu ertragen. Es gilt, die Ursachen zu ergründen – und dann die Leiden entsprechend zu behandeln. Diese Wächterfunktion des Schmerzes wird heute viel zu wenig beachtet.

Ohne die Erfahrung von Schmerz und Leid kann der Mensch nicht wirklich reifen. So paradox es klingen mag: Körperliche und seelische Verletzungen bringen auch alte Menschen in ihrer Entwicklung weiter. Es ist eine spirituelle Erfahrung, dass Schmerzen einen Menschen läutern und zu bewussten Veränderungen in seinem Leben führen. Um Schmerzen erträglich zu machen, kann man sie auch »opfern« – wie es jene schwangere Frau getan hat, die sich einen Zahn ohne Betäubungsspritze ziehen ließ, um dem Kind unter ihrem Herzen nicht durch die Narkose zu schaden. Für ihr ungeborenes Kind wandelte sie den Schmerz um in Liebe. In der Solidarisierung mit anderen wird Schmerz hingegeben – und bekommt einen Sinn. Wenn es nicht mehr möglich ist, den Körper und seine Schmerzen zu verwandeln, stellt sich der Tod ein. Der Abschied von der stofflichen Hülle ist dann das Tor zu einem anderen Zustand, in dem sich die Sehnsucht des Menschen endgültig erfüllt.

Geteiltes Leid

Immer wieder stehen wir vor der Frage: Was ist Leid – und welchen Sinn hat es? Es ist schwierig, darauf eine Antwort zu geben. Ein Leben ohne Leid ist nicht möglich. Damit ist nicht nur manche Wehleidigkeit gemeint, in die der Mensch gerne flüchtet, sondern das tiefe Empfinden der Seele und des Leibes. Es drückt sich auf vielerlei Weise aus und immer betrifft es den ganzen Menschen.

Deshalb ist Leid auch mehr als ein punktueller Schmerz, so weh es auch tut. Mit Leid verbindet sich ein Gefühl von Ausweglosigkeit. Körperliche oder seelische Verwundungen können meistens geheilt werden – im Leid dagegen scheint es für den betroffenen Menschen keinerlei Hoffnung zu geben. Er fühlt sich der Situation ausgeliefert.

Wenn du die Ursachen des Leids nicht kennst – zum Beispiel die Sucht nach Drogen, die zerstörerische Depression, die Flutkatastrophe, das Bergunglück –, wie kannst du dann den Weg zur Heilung entdecken? Die Erklärungen, die man auf der Suche nach Ursachen oder Schuldigen findet, reichen meist nicht aus, um das Leid zu verstehen – so bleibt den Menschen keine andere Möglichkeit, als sich voller Verzweiflung dem Schicksal zu ergeben.

Leid macht dem Menschen bewusst, wie einsam er sein kann. In dieser Erfahrung liegt zugleich der Schlüssel, wie ein Mensch auch schweres Leid aushalten kann: Er muss es teilen. Mit-Leid mit dem anderen ist die einzige Möglichkeit, wie man das Leid ertragen kann. »Einer trage des anderen Last«, sagte Jesus.

Leid teilen im Gespräch, im Schweigen, im Gebet, im Handeln, einfach da zu sein für den anderen – es gibt viele Formen des Mit-Leidens. Um Leid mitzutragen, braucht man eine besondere Stabilität – weniger die Kraft der Starken, sondern die Erfahrung der scheinbar »Schwachen«, die selbst schon Leid erlebt haben. Deren Solidarität mit dem Leidenden macht ihre Schwäche kostbar.

Reden übers Sterben –
und die Angst vor dem Tod

Ans Sterben denke ich nicht, das kommt eh von selbst. Momen-
tan geht es mir nicht gut, weil ich zeitweise wenig Luft
bekomme. Ich war schon ein paar Jahre nicht mehr beim
Doktor – und wie ich jetzt bei ihm war, hat er gezwinkert und
gesagt: »Ja, wovon soll denn der Doktor leben …?«

Lindenwirtin Josefine Wagner

Sterben ist das letzte Leid, das der Mensch in seinem Leben erfährt. Dieser Konfrontation mit dem Tod weichen viele aus.
Vielleicht glauben sie, dass es wenig Sinn macht, sich mit seinem
Tod und Sterben ehrlich auseinanderzusetzen oder darüber gar
offen mit jemandem zu sprechen – was bringt es schon, über eine
ausweglose Situation noch lange zu diskutieren? Wenn ein
Mensch mit dieser Einstellung zufrieden ist, muss er sich für die
Zukunft wahrscheinlich keine Gedanken mehr machen. Aber es
ist schwer vorstellbar, dass ihm so eine Haltung im Leben Kraft
und Einsicht, Freude und Sinn gibt.

Ein Gespräch über den Tod bedeutet, dass der Mensch über
eine Perspektive nachdenkt. Nur mit dem Verstand ist die Un-
gewissheit, was nach dem Tod geschieht, nicht zu klären. Die
Wissenschaft sagt uns allerdings, dass Energie – und jeder
Mensch ist voller Lebensenergie, in ihm wirken in Atomen und
Molekülen vielfache Kräfte – nicht verloren geht, sondern höchs-
tens umgewandelt werden kann. Wohin also mit der ganzen
Energie, wenn der Tod eintritt?

Die Religionen bieten dazu unterschiedliche Szenarios an, die
jeweils auf dem Glauben an eine Transzendenz gründen. Diese
Perspektive gibt dem Menschen Hoffnung, sodass ein Gespräch
übers Sterben getragen ist von der Zuversicht, dass der Tod nicht

ein endgültiges Aus ist, sondern der Übergang in eine andere Dimension, die wir mit unseren irdischen Sinnen allerdings nicht begreifen können.

Die Beschäftigung mit dem Tod ist eine Auseinandersetzung mit Bildern: vom Himmel und von der Hölle, vom Paradies, vom Nirwana. Jeder Mensch hat vermutlich seine ganz eigene Vorstellung, wie es nach dem Tod weitergehen soll, aber kaum jemand wird sich die Hölle wünschen. Deshalb ist es verständlich, dass sich ein Mensch schon im irdischen Leben nach dem Paradies sehnt. Dementsprechend wird er sein gegenwärtiges Leben gestalten – und einen Höllen-Trip vermeiden! Wer sich wünscht, dass er nach dem Tod ins Paradies eingeht, wird sein Denken und Handeln auf Erden an dieser Perspektive ausrichten und eine Grundhaltung entwickeln, die seiner Seele und seinem Körper guttut. In dieser Hinsicht wird das Reden über den Tod – so paradox es vielleicht klingen mag – zum Reden über die Freude und über ein gutes Leben. Darum ist die Auseinandersetzung mit dem Tod nicht nur im Alter sinnvoll, sondern schon lange vorher, weil daraus eine Zuversicht erwächst, die dem Menschen die Angst vor dem Sterben nimmt.

Die meisten Menschen haben wahrscheinlich nicht Angst vor dem Tod, sondern fürchten sich vor dem Sterbeprozess. Die Erfahrung zeigt, dass Menschen am Ende umso schwerer »loslassen« können, je stärker sie sich schon früher immer an die Äußerlichkeiten des Lebens geklammert haben. Sie sind bis zuletzt davon überzeugt, dass ihr jetziges Leben trotz der bescheidenen Rente und der erträglichen Belastungen immer noch sicherer und besser ist als die totale Ungewissheit, die nach dem Tod kommt. Und wer seine gesamte Lebensgestaltung stets darauf ausgerichtet hat, sich das Paradies schon auf Erden zu schaffen, der sieht im Jenseits keine Erfüllung mehr – er wird im Sterben nur schwer loslassen.

Die »Paradies-Bilder« machen es dem Menschen oft leichter, sich von der irdischen Welt zu lösen. Dann können Krankheit und Leid am Lebensende sogar hilfreich sein. Denn wenn der Mensch die Schwelle vom Leben zum Tod überschreitet, lässt er ja auch die Schmerzen zurück, die ihn quälen – vielleicht in der Zuversicht, dass es »drüben« keine Mühsal mehr gibt. Das bedeutet natürlich nicht, dass man sich diesen Schmerzen bewusst aussetzen soll und auf die sinnvollen Behandlungen der Palliativmedizin verzichtet.

Thomas und sein »Golden Goal«

Vor einiger Zeit kamen Eltern mit ihrem neunjährigen Sohn Thomas ins Kloster, weil das Kind schwer krank war und eine »psychotherapeutische« Betreuung brauchte. Der Junge war ein halbes Jahr vorher beim Fußballspielen zusammengebrochen – die ärztliche Untersuchung diagnostizierte einen irreparablen Herzfehler. Es gab keine Chance, das Leiden operativ oder mit Medikamenten zu heilen. Die Eltern wussten, dass Thomas sterbenskrank war. In dieser Not kamen sie ins Kloster und wollten mit einem Mönch, der auch Psychotherapeut war, über die schwierige Situation sprechen.

Der Mönch vereinbarte mit den Eltern, dass sie ihren Sohn zweimal wöchentlich zu ihm ins Kloster schickten, damit er sich mit dem Kind unterhalten konnte. Bei einem dieser Gespräche fragte der Junge, der offenbar die Unheilbarkeit seines Herzfehlers spürte: »Wie schaut es denn im Himmel aus?« Der Mönch war zuerst fast hilflos. Wie sollte er diesem Kind erklären, was Sterben bedeutet – und was ewiges Leben ist? Er konnte dem Neunjährigen ja keine theologische Interpretation des Himmels geben oder ihm den Unterschied von biologischem Tod und Weiterleben der Seele erklären oder ihn einfach vertrösten. Deshalb bat der Mönch den Buben: »Sag mir einmal einen Augenblick in deinem Leben, an dem du sehr glücklich gewesen bist – wie im Himmel. Hast du irgendwann so etwas erlebt?«

Der Junge dachte nach und antwortete dann: »Ja, das habe ich erlebt. Ich habe einmal bei einem Fußballspiel ein Tor geschossen – das war das Siegestor. Alle haben mich umarmt und ich war glücklich. Ich habe mich gefühlt wie im Himmel.«

»Siehst du«, sagte der Mönch, »genauso ist es im Himmel – und genauso ist der Tod. Das wirst du erleben, wenn du stirbst. Da trittst du im richtigen Augenblick gegen den Ball und der fliegt genau dorthin, wo er sein soll, und du weißt, dass du alles richtig gemacht hast. Und Himmel bedeutet, dass dieser Augenblick für immer bleibt.«

Der Junge schaute den Mönch an. »Jetzt brauche ich keine Angst mehr zu haben«, lächelte er, »ich schieße mein Siegestor. Wenn das so ist, wie du sagst, dann möchte ich in den Himmel.«

Drei Wochen später starb der Junge. Er hatte seine Angst überwunden.

Zurück blieben die Eltern in ihrer Verzweiflung. Sie gingen ins Kloster, um den Verlust des Kindes aufzuarbeiten. In vielen Gesprächen erzählte ihnen der Mönch von seinen Erfahrungen mit dem Kind – und vom »Golden Goal«, das für den Buben ein Blick in den Himmel war. So konnten sie allmählich ihren Schmerz verwandeln, weil sie spürten, dass ihr Kind, obwohl es so früh gestorben ist, ein vollendetes Leben hatte.

Der Mensch und seine Gottesbeziehung

Das Wichtigste ist, dass die Mutter dem Kind beten lernt, denn Beten brauchen die Menschen im Leben immer – wenn sie glücklich sind und, noch viel mehr, wenn sie unglücklich sind. Dann suchen sie Gott. Und wenn sie das in der Kinderstube nicht beigebracht kriegen, dann ist es schlecht, weil sie keinen Halt haben. Es gibt im Leben Situationen, in denen viele meinen, jetzt geht es nicht mehr. Wenn sie aber an Gott glauben und an die Menschen, dann geht es weiter. Denn morgen kann alles schon anders sein. Was einen Menschen heute unglücklich macht, ist vielleicht morgen schon wieder gut – da darf man nicht verzweifeln. Wie oft wird in der Unvernunft und im Unrecht geschimpft oder etwas getan – doch das erzeugt noch mehr Wunden. Man muss das Problem verarbeiten – und dann durch!

Lindenwirtin Josefine Wagner

Gott wird häufig für ein weit entferntes Wesen gehalten, das irgendwann einmal im Universum das Staubkorn Erde schuf – und danach alles sich selbst überlassen hat. Viele sehen in der Schöpfung keinen göttlichen Plan. Für manch andere ist Gott ein Übervater, der die Menschen gängelt und wie ein Moralapostel ihre gute Taten lobt und die Sünden bestraft.

Dieses Denken zeigt, dass man Gott »vermenschlicht« hat. Mit dem Verstand versuchen wir, uns ein Bild von Gott zu machen, aber als Ergebnis taucht dann meistens ein »Götzenbild« auf. Das Problem dabei scheint zu sein, dass jede Vorstellung von Gott teilweise vielleicht stimmt, aber zugleich auch falsch ist. Mit dem Verstand lässt sich Gott nicht begreifen.

Gott hat, so erzählt die Heilige Schrift, keinen Gefallen an den Sünden und am Tod des Menschen, sondern sein Wille ist es, dass der Mensch ein Leben in Fülle führt – und deshalb braucht er Beziehungen.

Beziehungen sind die stärkste Lebenskraft, die ein Mensch besitzt. Allerdings sind die Beziehungen der Menschen untereinander oft nicht besonders stabil. Zu allen Zeiten haben deshalb die Menschen nach einer Beziehung gesucht, die intensiv ist, dauerhaft – auch über das Ende des irdischen Lebens hinaus. Diese Sehnsucht nach Geborgenheit und Kommunikation, nach Austausch und Lebendigkeit, nach Kraft und einem guten Leben kann sich nur erfüllen in der Existenz eines Wesens, das nicht den irdischen Begrenzungen unterworfen ist. Das Überschreiten der sinnlichen Grenzen und der Eintritt in eine transzendente Welt brachten den Menschen in die Beziehung zu einer höheren Gottheit, die von den einzelnen Religionen mit vielerlei Namen benannt wurde.

Die Perspektive des Menschen, dass es einen Gott gibt, hat natürlich Folgen für sein Leben auf Erden. Wer glaubt, dass dieser Gott auch auf Erden immer gegenwärtig ist, wird sein Leben anders gestalten als jene, für die mit dem letzten Atemzug alles aus ist. Die Gegenwart Gottes kann man ganz praktisch spüren in den Menschen, die einem begegnen. Jesus sagte: »Was ihr dem Geringsten meiner Brüder und Schwestern getan habt, das habt ihr mir getan – ich bin euch begegnet.« Insofern ist die Beziehung der Menschen untereinander eine Gottesbeziehung. In einer Gottesbeziehung zu leben, heißt also nicht, dass man sich in ein religiöses Wolkenkuckucksheim zurückzieht, sondern dass man inmitten der Menschen und der Schöpfung wahrnimmt: Gott ist präsent.

So zu leben, ist schon im Diesseits ein paradiesischer Zustand, der jedoch nicht mit dem Sterben endet, sondern lediglich ein Vorgeschmack auf das ist, was einen nach dem Tod erwartet.

Glaube statt Verzweiflung

Es gibt im Leben Situationen, da verzweifelt man, weil jede Hoffnung und alle Perspektiven verschwunden sind. In dieser Ausweglosigkeit fragen sich viele, ob es überhaupt einen Gott gibt, einen weisen Schöpfer, der das Leben in seinen Händen hält. Ängste, Schrecken und Depressionen bei sich selbst, die sichtbaren Ungerechtigkeiten im privaten und beruflichen Umfeld, die weltweiten Katastrophen – viele finden auf die Frage nach dem Sinn des Lebens und der Schöpfung keine vernünftige Antwort.

Es ist keine Lösung, wenn man in Bitterkeit nur noch um sich und seine Probleme kreist. Dabei kann es durchaus sinnvoll sein, in dieser verzweifelten Lage therapeutische Beratung anzunehmen, die von kirchlichen und sozialen Einrichtungen angeboten wird. Aber ohne Glauben an Gott kommt der Mensch aus diesem Teufelskreis nicht heraus.

Hoffnung in dieser Verzweiflung gibt die Erkenntnis, dass Gott mit allen Menschen solidarisch ist. Er begegnet dir in jedem anderen, im Erfolgreichen und im Kranken, im Armen und im Reichen, im Kind wie im Greis. »An Gottes Barmherzigkeit niemals verzweifeln«, sagt der heilige Benedikt in seiner Ordensregel – und meint damit: Zweifel sind zwar berechtigt, aber man muss wissen, dass Gott immer beim Menschen ist, dass er solidarisch mit ihm den Weg geht, auch über Steine und Hindernisse, durch Unglück und Leid. Es gibt kein glattes, unbeschwertes Leben, das nur Sonnenseiten und Erfolge kennt – auch das Dunkle, das Schwierige, der Kampf gehören dazu. Der Glaube an Gott gibt dem Menschen die Kraft, in dieser unvollkommenen Welt zu überleben. Dieser Glaube kann rational allein nicht begründet werden, aber er ist eine Realität, mit der selbst die tiefste Enttäuschung überwunden werden kann. Die Alternative dazu ist, nicht zu glauben – dann wird die Verzweiflung zum Gefängnis, aus dem man sich nicht mehr befreien kann. Es ist also nicht wichtig zu wissen, ob es Gott wirklich gibt – entscheidend ist, ob du an Gott glaubst, selbst wenn es dafür keine rationale Begründung gibt. Im Ungläubigen erlischt jede Hoffnung – deshalb ist der Glaube an Gott die einzige Chance fürs Überleben.

Der Abend vorher ist ein Blick ins Paradies

Ich habe manchmal einen Kopf wie ein Mühlradl. Mir wär oft lieber, wenn das Leben schon vorüber wäre. Was danach kommt? Keine Ahnung – da mache ich mir keine Gedanken. Im Himmel werden auch nicht immer die Engel singen.

Lindenwirtin Josefine Wagner

Wann beginnt im ganz normalen Leben ein neuer Tag? Die Benediktinermönche haben darauf seit 1500 Jahren eine gute Antwort: am Abend vorher. Da wird der alte Tag in Frieden abgeschlossen, man kommt zur Ruhe – und weiß, dass es einen neuen Morgen gibt. Viele Menschen zögern die Nachtruhe hinaus, weil sie offensichtlich den alten Tag nicht abschließen wollen oder können. Wahrscheinlich spüren sie unbewusst, dass sie tagsüber zu wenig Wertvolles erlebt haben, und hoffen, dass ihnen das nächtliche Zappen durch die Fernsehsender doch noch etwas bringt.

Nicht jeder Tag kann zu einem Glanzlicht werden – und trotzdem sollen wir ihn achten, auch in der Zuversicht, dass morgen etwas Neues beginnt. Natürlich weiß jeder, dass der nächste Tag zwar wieder Ärger und Scherereien bringen wird, aber auch Schönes und Harmonisches. Es hat keinen Sinn, die vielen ungelösten Probleme mit in den nächtlichen Schlaf zu nehmen, weil dann der Tag keinen friedlichen Abschluss findet. Gläubige Menschen legen den alten Tag mit all seinen Schwierigkeiten in die Hände Gottes.

Auch dafür eignen sich Bilder: Am Ende eines Tages blickt der Mensch nicht auf die Sorgen und Schwierigkeiten von morgen, sondern er schaut mit Gelassenheit in die untergehende Abendsonne. Das kann ganz realistisch hinterm Haus auf der Bank geschehen oder – übertragen – aufs Leben. Dann ist es ein

Blick auf die beginnende Nacht, die dem Menschen Ruhe gibt, ihm Frieden schenkt und Erlösung bringt. Diese Haltung entwickelt sich nicht von selbst, sondern muss im Laufe des Lebens immer wieder eingeübt werden durch eine Spiritualität, die bewusst Grenzen überschreitet und den Menschen innerlich wie äußerlich in Bewegung bringt. Dann kann jene heitere Gelassenheit entstehen, von der alle Religionen und Weisheitslehren berichten – und die wohl das größte Geschenk ist, das ein Mensch im Alter bekommen kann.